ÉTUDE ET RÉCITS

SUR

ALFRED DE MUSSET

L'auteur et les éditeurs réservent leurs droits de traduction et de reproduction à l'étranger.

Ce volume a été déposé au ministère de l'intérieur (section de la librairie) en avril 1891.

DU MÊME AUTEUR :

Berryer. Souvenirs intimes. 3ᵉ édition. 1 vol. in-18... 3 fr. 50

Les Financiers d'autrefois. *Fermiers généraux.* 1 vol.

ÉTUDE ET RÉCITS

SUR

ALFRED DE MUSSET

PAR

La Vicomtesse de Janzé

Avec deux dessins originaux d'Alfred de Musset

PARIS
LIBRAIRIE PLON
E. PLON, NOURRIT ET Cie, IMPRIMEURS-ÉDITEURS
RUE GARANCIÈRE, 10

1891
Tous droits réservés

Nous essayons d'écrire l'histoire d'un homme et d'un poète : Alfred de Musset est une figure à part dans notre histoire littéraire, et tellement sympathique malgré ses erreurs que l'on aimera toujours à parler de lui. Nous avons connu et nous connaissons encore plusieurs de ses amis, et nous avons recueilli verbalement beaucoup de détails qui se confirment l'un par l'autre, et si bien d'accord avec le caractère de son œuvre que l'on constate une fois de plus la vérité de cette parole de Buffon : « Le style c'est l'homme. »

Vicomtesse Alix DE JANZÉ,
Née CHOISEUL-GOUFFIER.

ALFRED DE MUSSET

CHAPITRE PREMIER

Nos trois grands poètes modernes. — Lequel est le premier ? — Alfred de Musset à ses débuts traité d'écervelé. — Comparaison avec Lamartine et Victor Hugo. — Le lyrisme et l'esprit ; rareté de leur association. — Alfred de Musset avait ce privilège. — Poète de la jeunesse ; ses affinités avec elle. — Admiré d'abord, puis déprécié par Sainte-Beuve ; critique fausse et injuste : pourquoi ? — Divers portraits de Musset. — Distinction de sa personne ; recherche de sa toilette dès le collège ; souvenirs de ses condisciples Pontmartin et Haussmann. — Dandysme reproché par Eugène Lami. — Les fils de Noé. — Insuccès au Jockey-Club. — D'Alton Shée ami ou camarade ? — Extrême amabilité de Musset avec les femmes. — L'époque brillante, seule à considérer quand les défaillances sont restées dans l'ombre. — Alfred de Musset fait tout connaître. — Rapprochement et différences avec Jean-Jacques Rousseau. — Impatience habituelle excessive.

Quelqu'un s'imagina un jour de confier à la poste une épître en vers adressée : *au plus grand de nos poètes*. La poste, d'abord indécise, porta cette lettre à Victor Hugo, qui, sans l'ouvrir, la renvoya à Lamartine, croyant sans doute que par un échange de courtoisie la lettre lui reviendrait. Lamartine la garda. Il eût peut-être mieux fait de l'offrir à son tour à Alfred de Musset ; mais il est difficile et rare que des hommes arrivés au premier rang par leur génie consentent à reconnaître un supérieur ou un égal. Il ne faut ni s'en étonner ni s'en plaindre ; car c'est l'ambition qui suscite les œuvres, et les rivalités sont un stimulant fécond dans les arts et les lettres. Alfred de Musset avait conscience de sa valeur et n'était pas indifférent aux suffrages du public, mais il ne craignait pas de louer ses rivaux. Ainsi, en visitant Notre-Dame de Paris, il s'écriait : « Quel sublime peintre que Victor Hugo ! Et n'est-il pas notre plus grand poète lyrique ! » Celui qui parlait ainsi ne songeait pas alors à réclamer la première place au sommet de notre Parnasse moderne, et cependant cette place lui appartient ; on le reconnaît aujourd'hui.

A ses débuts, le public lettré avait mal apprécié le caractère original de sa poésie qui préludait avec tant de hardiesse à de plus hautes inspirations. Alfred de Vigny s'écriait alors : « Mais c'est un écervelé que ce jeune homme ! » Cependant, sous les *gamineries* lyriques d'un poète de 17 ans, Vigny reconnut bientôt une sève puissante, et il protégea son essor, comme nous le voyons dans des lettres inédites qui nous ont été communiquées par M. Lachaud, filleul d'Alfred de Vigny. Depuis lors, la renommée de Musset a toujours été en grandissant, et l'on peut dire que parmi nos poètes modernes l'échelle de nos admirations a changé : c'est déjà le jugement de la postérité. Désormais on lira Musset beaucoup plus que Lamartine et Hugo ;

il y a en lui une force et un abandon que les deux autres ne possèdent pas. Pendant que l'un nous berce dans des nuages illuminés de splendides lueurs, pendant que l'autre nous entraîne dans des chemins bordés de précipices qui troublent à tout instant la contemplation de ses belles images, Musset nous séduit et nous charme par l'admirable clarté de son style, la netteté de ses pensées, la verve d'un esprit étincelant qui s'élève souvent et nous élève avec lui jusqu'au sublime.

Il offrait l'alliance, qui est si rare, de l'esprit avec le lyrisme et les plus hautes inspirations. L'esprit, cette qualité de l'âme que Voltaire appelait « raison ingénieuse », cette vivacité de la pensée qui fait trouver des saillies piquantes, des mots heureux, des rapprochements imprévus et soudains partant comme un fusée. Si l'on voulait citer les grands écrivains qui ont réuni ces deux facultés d'essence si différente, la liste n'en serait pas longue. Sans parler de Voltaire, dont le génie était universel, Malherbe, Racine, Pascal, Chateaubriand ont eu beaucoup d'esprit; les trois grands chefs du romantisme en avaient peu, et Lamartine, pour son compte, s'en félicitait, prétendant que « l'esprit rapetisse tout, même le génie ». On comprend qu'une pensée habituellement tendue vers les sommets de l'art ne soit pas prédisposée à être simplement spirituelle. Ce dédoublement des facultés, Alfred de Musset le possédait pleinement et brillamment. Toujours vrai et vivant, il est le poète, l'enchanteur de la jeunesse; il en a tous les défauts, mais il en a le tempérament et le charme; il est sceptique, mais si sincèrement qu'on lui pardonne ses doutes. Il n'est pas chaste, mais il est franchement, cordialement amoureux; il n'est pas toujours de bon ton, mais la jeunesse a ses franchises. Quand il s'égayait avec elle dans ses premiers vers, il disait avec trop de modestie :

Mon verre n'est pas grand, mais je bois dans mon verre,

voulant dire par là qu'il ne vivait pas d'emprunts.

Cependant son originalité a été un jour contestée d'une manière bien inattendue. Sainte-Beuve, dans une annexe à ses derniers portraits, sorte de factum testamentaire où il renie et démolit tous les écrivains et orateurs illustres qu'il avait loués autrefois, Sainte-Beuve, dans cette revision des célébrités, prend à partie Alfred de Musset, comme s'il oubliait ou regrettait les adieux éloquents et émus qu'il lui avait adressés dans le *Moniteur* peu après sa mort; non content de critiquer les négligences et certaines improvisations, comme le *Rhin Allemand*, où les incorrections se rachètent par un sentiment de colère patriotique, il va jusqu'à contester l'originalité de son ancien ami. Mais il le fait dans des termes si singuliers qu'il se réfutent eux-mêmes. « Musset a un « merveilleux talent de postiche... On dirait de « la plupart de ses jolies petites pièces que c'est « traduit, on ne sait d'où, mais cela fait l'effet « d'être traduit. » Un pareil non-sens dénote un parti pris de dénigrement qui dispense de réfuter ses autres critiques à l'adresse de Musset. Ils avaient débuté presque ensemble de 1829 à 1830 dans la poésie et dans le monde ; mais les succès d'Alfred en tout genre les avaient distancés. Sainte-Beuve, ne pouvant obtenir en poésie que des succès d'estime, obligé d'autre part, pour cause de disgrâce physique, de renoncer à plaire malgré le désir immense qu'il en avait, conservait tout au fond de son cœur un ferment de jalousie pour la double supériorité de son confrère. Quand il eut trouvé sa voie et fut devenu un grand critique, il avait d'abord pris pour système l'indulgence relevée d'infiniment d'esprit. Ce fut là son triomphe. Et l'on disait de lui : le bon, le tendre Sainte-Beuve ; mais cette contrainte lui était pénible, et il s'en dédommagea au dernier moment en faisant table rase de ses admirations officielles, comme un homme qui, chassé de son logement, veut tout casser avant de s'en aller.

Il existe différents portraits d'Alfred de Musset peints, sculptés et gravés. Celui qui plaisait le plus à sa sœur, Mme Lardin de Musset, est le portrait peint par Landelle et qui a été gravé plusieurs fois, notamment en tête de la grande édition donnée par Charpentier. Cependant, des contemporains du poète reprochaient à ce portrait son caractère mièvre et mignard et son manque d'exactitude; il paraît avoir 30 ans à peine, et il en avait 45 quand fut peint ce portrait. Ajoutons pour le compléter quelques détails empruntés aux amis d'Alfred de Musset. Svelte et de taille moyenne, ce qui frappait d'abord c'était ses beaux cheveux blonds soyeux et parfumés qu'il garda inaltérés jusqu'à sa mort et qu'il se plaisait à arranger à la manière de lord Byron; puis la coupe gracieuse de son visage au front intelligent, au nez aquilin, avec de grands yeux bleus que leur regard ferme et profond faisait paraître noirs, une grande fraîcheur de teint, une bouche expressive toujours prompte à sourire mais d'un sourire sceptique; et, dans l'ensemble, une distinction aristocratique que confirmait le soin extrême qu'il prenait de sa personne. A l'époque où Mme L. C... le connut, elle le montre un soir avec un habit vert bronze à boutons de métal, un gilet de soie brune sur lequel flottait une chaîne d'or, des boutons d'onyx et des gants blancs; c'était la tenue de soirée d'un élégant en 1835. Cette recherche de toilette datait du collège même, où Musset se signalait autant par la correction de sa tenue que par ses succès universitaires; c'est ce que nous apprend le comte de Pontmartin qui était son condisciple et son émule, sauf sur ce point, car il se dépeint lui-même « doigts tachés d'encre, cheveux en « broussailles, cravatte nouée en corde... », comme était alors le collégien et comme il est peut-être encore. Nous avons aussi les souvenirs de M. le baron Haussmann, qui se trouvait dans le même temps et pendant plusieurs années au Collège Henri IV où Alfred de Musset n'était qu'externe, demeurant chez ses parents. Il se le rappelle, blond, délicat, nerveux, aux manières féminines; son teint d'une transparence merveilleuse, sa carnation de *miss anglaise*, sa propreté minutieuse lui avaient fait donner par ses camarades le nom de *Mademoiselle*; ses rapports avec eux étaient très réservés ; il était d'ailleurs studieux et ce qu'on appelle « *un bon élève* ». Pontmartin rapporte qu'ils furent invités tous les deux en même temps, comme lauréats du concours général, à dîner chez M. de Vatimesnil, ministre de l'instrution publique. Musset avait eu le premier prix de philosophie, et, à la suite de Pontmartin, le second prix de dissertation latine. On ne soupçonnait pas cependant que ce philosophe de 17 ans était à la veille de devenir un grand poète, et que 62 ans plus tard on lui érigerait une statue. Mais pour cela il ne suffisait pas qu'il devînt célèbre ; la statuaire ne s'occupe guère que des morts.

Depuis que Musset a cessé de vivre, les sculpteurs ont reproduit plusieurs fois ses traits. Un médaillon de David d'Angers et le buste du tombeau du poète, fait par son ami Auguste Barre avec un marbre donné par l'Empereur, sont assurément des œuvres dignes de ces habiles artistes. Un autre buste, sculpté par Mezzara pour le foyer du Théâtre-Français, ajoute à la ressemblance matérielle l'expression rêveuse de la méditation. Mais si l'on veut se représenter Musset dans ses jeunes années et dans la vie de tous les jours, il faut regarder un portrait dessiné par Gavarni qui le montre le chapeau sur la tête, l'air un peu hautain, une badine à la main, d'une allure dégagée, sa redingote pincée à la taille, son pardessus rejeté en arrière, les manches garnies de velours, tiré à quatre épingles, comme on disait alors, et comme devait être un jeune homme voué à l'élégance la plus raffinée.

Le peintre Eugène Lami, son aîné de huit ans, l'avait beaucoup connu à cette époque. « Il venait souvent, dit Lami, me conter ses « peines comme un grand enfant, je l'écou- « tais et le consolais de mon mieux. Le seul « reproche que je puisse lui faire c'était une « trop grande tendance au dandysme qui lui

« faisait regretter parfois de ne pas faire par-
« tie du Jockey-Club. » Oserons-nous dire
qu'il y fut *blackboulé !* Bien que hardi cava-
lier, on trouva qu'il ne montait pas à cheval
dans le pur style anglais adopté par ce Club,
plus spécial alors qu'il ne l'est aujourd'hui.
Musset, froissé de cet échec, ne voulut
plus se présenter malgré les instances cha-
leureuses de ses amis. L'un d'eux, le comte
d'Alton Shée, qui vécut pendant dix ans
dans une grande intimité avec lui, hésitait
plus tard à le compter comme un ami et se
demandait s'il n'avait pas été seulement un
camarade de plaisir. Il se rendait compte de
ce qui manquait à leur amitié : « Les poètes !
« encore enfants, le génie et la louange vien-
« nent les visiter. L'envers de ce magnifique
« privilège, c'est qu'ils restent enfants ; ils tra-
« versent la vie sans le voir, ou, sans cou-
« rage contre la réalité, ils s'y dérobent par
« l'illusion ou par l'ivresse : dieux et enfants,

« jamais hommes. » Cependant, malgré des inégalités d'humeur, des boutades et des caprices, comme le fond était doux et bon et la forme charmante, Musset était réellement sympathique. C'était dans la société des femmes qu'il prodiguait le plus volontiers les trésors de son esprit; près d'elles, il était gai, amusant, éloquent, moqueur, dessinant une caricature, composant un sonnet, écoutant la musique avec délices, jouant des charades improvisées; écartant avec soin la politique et les sujets sérieux.

Eugène Lami l'a résumé en un mot : « C'était un homme parfait... avant qu'il « se fût « mis à boire ». Cette chute de phrase cause une impression pénible. On voit dans la Bible avec quel soin pieux les fils de Noë cachent sous leurs manteaux l'ivresse dégradante de leur père quand il eut goûté aux fruits de la vigne qu'il avait plantée. On voudrait pouvoir imiter ces fils respectueux et passer sous silence les faiblesses des hommes de génie qui ont ajouté un fleuron à la gloire de leur pays. Il faut toujours considérer dans la vie d'un homme illustre l'époque de sa jeunesse où son génie brillait de tout son éclat, et le reste doit être oublié. La marquise de Bouillé racontait qu'elle avait revu sous la Restauration le vieux marquis de Lameth, qui avait figuré à côté de Vergniaud à l'Assemblée législative et qui avait passé le reste de sa vie dans la retraite. — « Et, de quoi lui avez-vous parlé ? lui demanda-t-on. — Mais... de Vergniaud ! » répondit-elle. Les quarante années écoulées depuis semblaient ne devoir pas compter. On pourrait en effet oublier la fin d'une vie rentrée dans l'ombre ou ternie par des défaillances d'esprit ou de conduite, si ces défaillances avaient été cachées, et si on ne les trouvait au contraire consignées dans les écrits mêmes de la personne dont on parle. Alfred de Musset n'a rien laissé en doute; il s'est raconté lui-même dans vingt endroits avec autant de franchise que J.-J. Rousseau avait mis de cynisme dans ses *Confessions*. Mais l'impression qu'on en ressent est bien différente. Pendant que le Philosophe de Genève nous inspire pour son caractère une aversion à peine mitigée par la pensée de son état de folie, Alfred de Musset nous laisse, en dépit de ses fautes, un sentiment d'affectueux intérêt comme un enfant malade qui ne saurait guérir. Dans le livre étrange où il met ses propres passions en scène, on le voit tourmenté sans cesse par la recherche de l'absolu, pensant le trouver dans la satisfaction des sens et n'y recontrant que le vide : âme voyageuse n'obtenant de repos nulle part : ni dans l'étude, ni dans les arts, ni dans le jeu, ni dans la fatigue d'exercices violents, tels que des courses effrénées à cheval, parce que le mal était en lui. Un trait frappant de son organisation était une impatience fébrile qu'il portait en toute chose. Il eût adopté volontiers comme définition du bonheur les mots « tout de suite ». Il ne sait pas, il ne veut pas attendre : que ce soit le plaisir, la gloire ou l'amour, il lui faut la possession immédiate et la possession absolue, fût-ce au prix d'une douleur.

CHAPITRE II

La Confession d'un enfant du siècle n'est qu'une peinture de mœurs. — Lettre de Musset à Listz sur le caractère de ce livre. — Génération contemporaine portée aux lamentations. — Enfance de l'abbé Gratry racontée par lui-même. — Danger des confessions de Musset; absorption de l'âme par *l'autre*. — Sens complexe du mot *amour*; sentiment et sensation. — Disposition maladive du système nerveux surexcitée par diverses intimités de femmes. — Mme Sand; sa liaison précédente avec Sandeau. — Voyage en Italie; jalousie rétrospective d'Alfred; noyade à Venise; rupture et désespoir. — Rencontre des deux anciens rivaux au pied des barricades, quatorze ans après. — Mme Sand vouée aux paradoxes et aux passions factices. — Instinct du théâtre par transmission d'origine. — Jugement de Chateaubriand que la suite n'a pas confirmé. — Mme Sand reste hostile à la religion chrétienne. — Son paradoxe sur Job. — Elle approuve l'ex-père Hyacinthe Loyson; son opinion entre la *discrétion* et la *continence*. — Son portrait par Henri Heine. — Autre par le baron Haussmann; elle est généralement taciturne et ne dit rien de saillant; sa réponse à Bernard Potocki; elle observe et recueille pour ses écrits; apologue *d'un merle blanc*. La passion d'écrire égale celle de parler. — Ténacité des sentiments inspirés par Mme Sand; diversions vainement tentées par Alfred. — Récriminations réciproques, soutenues après sa mort par Paul de Musset. — Alfred plus modéré.

La Confession d'un enfant du siècle est

plutôt une peinture de mœurs qu'un récit autobiographique. Nous trouvons à cet égard la pensée de l'auteur nettement exprimée dans une lettre que possède M. Émile Ollivier et qu'il nous a communiquée de la manière la plus aimable. Alfred de Musset écrivait à Liszt, le 20 juin 1836 :

« Votre lettre, mon ami, m'a fait double
« plaisir, d'abord littérairement parlant, et
« ensuite et surtout parce que votre bon
« souvenir me fait espérer que cette courte
« poignée de main que nous nous sommes
« donnée en passant ne sera pas la dernière.

« Le livre dont vous me parlez n'est qu'à
« moitié une fiction et assurément, comme
« vous dites, il pourrait et devrait être plus
« long. Je ne crois pas pourtant donner
« jamais de frères à ces 2 volumes, par la
« même raison que je ne les corrigerai pas,
« comme j'en avais d'abord eu la tentation.
« Ces sortes d'ouvrages, intéressants ou non,

« sont en dehors de l'art, il me semble ; pas
« assez vrais pour des mémoires à beaucoup
« près, et pas assez faux pour des romans ;
« le lecteur doit chercher en vain l'attrait
« d'une réalité qui lui échappe à chaque ins-
« tant, tandis que le pauvre auteur, tout nu
« derrière un manteau troué en mille en-
« droits, sent la critique au vif et reçoit les
« estocades précisément là où il se découvre.

« Aborder, d'ailleurs, le monde tel qu'il
« est, *dire les choses*, est impossible. Je n'ai
« jamais pu lire les Confessions de Rousseau
« sans dégoût. Pour des Mémoires, c'est
« différent ; la mort absout et les hommes n'y
« sont plus, mais en revanche, le mensonge
« à beau jeu. Que la partie que vous me
« proposez, d'aller vous voir un instant à
« Genève, aurait de charmes pour moi, mon
« ami, et que je me sens triste et parisien,
« en pensant que, probablement, ça ne sera
« pour moi qu'un de ces rêves heureux que

« je ne fais jamais qu'à demi ! Si vous me
« demandiez ce qui me retient, je ne saurais
« que vous répondre, et tant de raisons m'at-
« tireraient au contraire !

« Je me demande si mon cœur est trop
« jeune ou si ma tête est trop vieille. Je me
« sauve du boulevard Italien et je vais pous-
« ser des *ouf!* à Montmorency : demi-
« verdure, demi-nature, demi-plaisir, demi-
« ennui, et tout à l'avenant, de fractions en
« fractions, jusqu'à la dose infinitésimale
« voilà tout — *époi* — autre chose qui est la
« même chose, un quart d'heure là et autant
« ici — beaucoup de fumée de cigarettes —
« beaucoup de grandes, et d'éternelles, d'ir-
« révocables déterminations d'un jour — un
« tant soit peu de vrai et de bon, par mo-
« ment volé au hasard — voilà ce qui m'em-
« pêche de partir. Si j'y vais, ce sera avant
« le 15 juillet, sinon, moquez-vous de moi et
« rions-en ensemble. Mais, à Paris, à Naples

« ou à Genève, tendez-moi toujours la main,
« mon cher Franz, et gardez-moi un peu
« d'affection vraie, la seule sauvegarde dans
« les sentiers perdus.

« A vous de cœur.

« Alfred DE MUSSET. »

Nous avons reproduit cette lettre dans son intégralité avec ses ellipses familières; elle nous apprend que dans la *Confession* de Musset nous devons chercher non le tableau exact de sa propre vie, mais la description du malaise moral d'une génération névrosée qui se répandait en lamentations par une sorte de mode littéraire, de même que les écrivains du xviiie siècle abusaient de *l'homme vertueux et sensible*, toutes choses que les esprit sains et mieux trempés du grand siècle ne connaissaient pas. Mais du temps de Musset, la manie de la désespérance était comme un mot d'ordre ; et pour être

distingué il fallait être malheureux, malade et même un peu poitrinaire. Un souffle de mécontentement sans cause atteignait même la première jeunesse. L'abbé Gratry a dépeint ce trouble de l'esprit qu'il se rappelait avoir éprouvé lui-même : « A 18 ans, dit-il,
« j'étais profondément pénétré de la vanité
« de toutes choses. Un jour, on m'avait
« donné une chambre à un étage fort élevé ;
« je regardais à ma fenêtre et voyant cette
« hauteur je me disais à moi-même avec une
« grande conviction : je ne me jetterais cer-
« tainement pas par cette fenêtre, mais si
« quelqu'un venait m'y jeter par surprise il
« me rendrait un grand service. Je n'avais
« d'ailleurs aucun sujet de tristesse ; mais la
« vie me semblait inutile et dénuée de sens. »
La Confession d'un enfant du siècle est une sorte d'élégie en prose où Alfred de Musset prélude, malgré des ombres et des taches, aux sublimes tristesses qu'il chantera plus

tard. Ce livre est surtout dangereux pour la jeunesse qui, prenant au sérieux ces plaintes éloquentes, s'abusant sur la destinée de l'homme et sur le but de la vie, peut se laisser égarer à la suite de l'auteur dans la poursuite de jouissances matérielles à peine voilées sous la magie du style. On doit donc regretter de voir la poésie employer ses séductions et son prestige pour proclamer le culte des sens et leur élever des autels. A la vérité, certains mots de notre langue prêtent à équivoque, et il n'est pas toujours facile par exemple de dégager dans le mot *amour* la part immatérielle qui se mêle et se confond souvent avec l'*autre*. Sans porter la lumière sur ces mystères de notre âme, des écrivains ont cru pouvoir sauver le réalisme de leurs récits par une phraséologie idéaliste. Ces détours de langage ne pouvaient plaire à Alfred de Musset, qui détestait l'hypocrisie, et ne pensa jamais à faire une distinction dont il n'avait peut-être pas suffisamment conscience entre les sentiments et les sensations. Il ne peut, il ne veut pas séparer le corps de l'âme, et, entre ces deux termes ses préférences sont parfois si accentuées qu'il nous oblige de passer rapidement sur certains passages malgré la beauté du style. Assurément, ce n'est pas là le sentiment pur et idéal qui vous jette dans des extases infinies et qui fait qu'on donnerait sa vie pour un regard, un serrement de main de la personne aimée.

Alfred de Musset était en proie dès l'enfance à une maladie nerveuse qui peut atteindre les plus grands hommes parce qu'elle a son siège dans le cerveau qui bouillonne parfois chez ces natures privilégiées jusqu'à faire explosion. Cette organisation maladive fut malheureusement surexcitée outre mesure par ses intimités successives avec plusieurs femmes diversement célèbres, qui, après avoir répondu à sa passion, cherchaient bientôt dans de nouvelles expériences l'apogée des sentiments rêvés. De ces liaisons de Musset la plus funeste par ses conséquences fut celle qu'il eut avec Mme Sand qui, en poursuivant l'amour qu'elle n'éprouvait pas elle-même, brisa plusieurs existences précieuses; car Musset ne fut pas sa seule victime.

Il est à remarquer que Mme Sand ne se lia jamais qu'avec des écrivains, des poètes ou des artistes. Jules Sandeau fut l'un des premiers, et l'amour qu'il avait pour elle était si profond que lorsqu'elle le quitta, après un an de ménage irrégulier, il en eut un tel désespoir qu'il voulut mourir et ne fut sauvé que par un ami qui le fit voyager. Sandeau versa ses plaintes dans le roman palpitant de *Mariana*.

Le souvenir de cet épisode amoureux troubla les rapports qui se formèrent ensuite entre Alfred de Musset et Mme Sand. Après un certain temps de lune de miel ils étaient partis pour l'Italie et visitaient Gênes, Florence, Bologne, Ferrare, Venise... Mais au milieu même des enchantements de ce voyage, Alfred, naturellement ombrageux, se montrait jaloux même du passé. « Jurez-moi, disait-il à sa compagne, jurez-moi que vous ne l'aimiez pas. » Et c'étaient entre eux des scènes des plus vives. M. Ziem, notre grand peintre, se trouvant à Venise en 1834 vit un jour un rassemblement autour d'un jeune homme qu'on venait de retirer de l'eau. C'était Alfred de Musset qui s'était précipité dans le canal pour saisir une lettre que Mme Sand y avait jetée; saisi par le froid il avait failli se noyer. Sa jalousie rétrospective lui avait fait prendre Sandeau en haine : ils s'évitaient et ne se saluaient plus. Cependant, ils n'eurent bientôt plus rien à s'envier, car le bonheur de notre poète ne fut pas de bien longue durée; il fut trahi à son tour à Venise où il était tombé malade ; et il y aurait péri de sa douleur autant que de son mal, si un ami dévoué, M. Alfred Tattet, n'était venu l'arracher à cette funeste influence.

Longtemps après, ces deux rivaux, ces deux victimes du même amour se rencontrèrent dans des circonstances dramatiques. C'était en 1848, pendant les tristes et terribles journées de Juin. Alfred de Musset avait peu de goût pour la garde nationale et il s'en affranchissait tant qu'il pouvait. Mais il s'agissait cette fois de défendre la société menacée par le soulèvement des ateliers nationaux ; c'était une question de vie ou de mort, il n'y avait pas à hésiter. Le soir, près du feu d'un bivouac, en face de l'Institut, Alfred de Musset et Jules Sandeau se retrouvèrent pendant la veillée des armes. Ils se regardèrent quelque temps en silence, puis ils se rapprochèrent ; attirés l'un vers l'autre par une pensée commune, ils se mirent à marcher côte à côte le long du quai, échangeant le récit de leur amour, de leur déception, de leur désespoir, cherchant à s'expliquer la nature énigmatique et fatale de cette femme qui se donna si souvent et que personne n'a possédée ! Les deux anciens rivaux, oubliant en ce moment les dangers qu'ils couraient, exposés à périr peut-être le lendemain au pied d'une barricade, ne pensaient qu'à elle et ne cessèrent de parler d'elle jusqu'au moment où l'aube du jour, blanchissant les tours de Notre-Dame, les rappela au combat où ils enlevèrent côte à côte la barricade du Petit-Pont.

C'était la destinée de Mme Sand, si richement douée de facultés exceptionnelles, mais pour qui le ciel était fermé, de vivre perpétuellement dans le faux : sa philosophie, sa politique, sa philanthropie, tout portait en elle l'empreinte d'un esprit paradoxal. Ses amours mêmes étaient factices. Malgré son affectation de sentiments dévoués et quasi-maternels pour tel jeune homme qu'elle distinguait, elle paraissait prendre plaisir, comme un César romain, à le martyriser et à le voir souffrir. Paul de Musset a fait à ce sujet les révélations les plus étranges. On pourrait suspecter sa partialité s'il n'avait joint au dossier des lettres où Mme Sand avoua ses torts, et le récit de scènes pathétiques où elle chercha à ressaisir sa proie. C'était à croire que l'instinct du théâtre renaissait en elle par transmission, comme descendante d'une fille de Dancourt, comédienne, et d'une dame de l'opéra, Mlle Rinteau, dite Verrière, qui fut l'une des nombreuses maîtresses du maréchal de Saxe. Mme Sand réussit en effet à toucher Alfred en lui offrant comme dans un sacrifice antique ses beaux cheveux qu'elle venait de couper pour s'habiller en garçon; leur roman, interrompu depuis plusieurs mois, faillit recommencer ; mais cela dura peu : une nouvelle rupture eut lieu pendant l'hiver de 1835, et celle-là fut définitive.

Mme Sand, habituée à dogmatiser dans ses romans, avait érigé en principe la négation de tout principe. Comme le disait Chateaubriand : « L'insulte à la rectitude de la vie
« ne saurait aller plus loin... ; mais son talent
« couvre l'abîme et l'avenir pourra tout ré-
« parer. La vieillesse est une voyageuse de
« nuit ; la terre lui est cachée, elle ne dé-
« couvre plus que le ciel. »

En fait, elle n'a rien réparé. Le rôle de bonhomie villageoise qu'elle avait adopté dans ses dernières années n'atténuait pas la violence tranquille qui est la caractéristique de sa manière, et elle se montra jusqu'à la fin l'ennemie acharnée de la doctrine chrétienne. En 1871, cinq ans avant sa mort, elle prend à partie, dans la Bible, le livre de

Job et le sublime dialogue entre l'homme et son créateur, et conclut par la phrase suivante: « Le Dieu de Job n'est qu'un rhéteur « éloquent, et Job est un lâche de se soumet- « tre à lui. » Eh! que pourrait-il faire? Mme Sand a donc écrit à la fois un blasphème et une sottise. Nous préférons suivre Lamartine dans son admiration pour le magnifique langage de la Bible, quand il résume ainsi la philosophie de Job : « C'est « cette soumission intelligente et raisonnée « à la suprême volonté qui n'est la suprême « puissance que parce qu'elle est en même « temps la suprême sagesse et la suprême « bonté. »

Nous voyons encore Mme Sand en 1872, complimentant l'ex-père Hyacinthe sur sa rupture avec l'Église, disant : « Quand une « religion ne peut plus satisfaire une âme « saine, elle est finie... La déclaration de « Hyacinthe Loison est un des éclats de

« lumière que donnent encore les lampes
« épuisées... Malgré ses distinctions subtiles
« entre l'Église romaine et l'Église latine,
« pour nous il est un hérétique parfait, et
« nous l'en félicitons, car les hérésies sont la
« grande vitalité de l'idéal chrétien. » Cela n'est
pas très clair ; mais voici qui l'est davantage.
Sans être protestante ni catholique, Mme Sand
voit et exagère les conséquences possibles
du célibat des prêtres. « Qu'ils se marient
« donc, dit-elle, et ne confessent plus !... »
Quelques lignes plus bas, elle admet qu'ils
confessent, et écarte la crainte des « épan-
« chements de l'amour conjugal » car, à son
avis, « la discrétion est plus facile que la
« continence ». On en pensera ce qu'on
voudra.

Henri Heine, qui admirait beaucoup
Mme Sand, a tracé ainsi son portrait physique :
« Son visage peut être nommé plutôt beau
« qu'intéressant ; l'intéressant est toujours

« une déviation gracieuse ou spirituelle du
« véritable type du beau, et la figure de
« Georges Sand porte justement le caractère
« d'une régularité grecque. La coupe de ses
« traits n'est cependant pas d'une sévérité
« antique, mais adoucie par la sentimentalité
« moderne qui se répand sur eux comme un
« voile de tristesse. Son front n'est pas haut,
« et sa riche chevelure du plus beau châtain
« tombe des deux côtés de sa tête jusque sur
« ses épaules. Ses yeux sont un peu ternes,
« du moins ils ne sont pas brillants... Son
« nez est un nez droit et ordinaire ; sa lèvre
« supérieure, quelque peu pendante, semble
« révéler la fatigue des sens. Son menton
« est charnu, mais dé très belle forme...
« Épaules magnifiques... Stature un peu trop
« courte..., les mains très petites..., voix
« mate et voilée..., etc. »

En regard de ce portrait tracé par un poète
et un ami, nous placerons celui que donne

M. le baron Haussmann dans ses Mémoires et qui est l'impression ressentie autrefois par un homme jeune et prédisposé à l'enthousiasme. « Mme Sand accusait alors plus de « trente ans. Petite de taille, très brune « de cheveux, avec un profil et un teint « espagnols, elle était visiblement dépourvue « de toute coquetterie, et j'ose dire que, par « l'effet du travail constant de sa pensée, « elle manquait, à mes yeux, de tout charme « féminin. »

Les nombreuses variations de Mme Sand dans ses attachements s'expliqueraient par une sorte de *raison d'état*. Toujours en quête de matériaux pour ses romans, elle provoquait l'amour par la fascination de ses grands yeux ternes et profonds, puis elle en observait tranquillement les effets pour s'en servir plus tard dans ses écrits. C'était là sa constante préoccupation. Henri Heine remarque que dans les conversations « jamais

« elle ne dit un mot brillant d'esprit et elle ne
« ressemble guère à ses compatriotes sous
« ce rapport. Avec un sourire aimable et parfois
« singulier, elle écoute quand d'autres parlent
« et les pensées étrangères qu'elle a reçues
« et travaillées en elle sortent de l'alambic de
« son intelligence sous une forme bien plus
« riche et précieuse. » Elle avait toujours été
taciturne même dans son enfance : « C'est
« sa nature, disait sa mère ; ce n'est pas de
« la bêtise, soyez sûr qu'elle rumine quelque
« chose. » Et Caro, qui rapporte le propos,
ajoute : « Elle ruminait en effet, c'était la
« forme habituelle d'une pensée déjà active. »

Le comte Bernard Potocki, seigneur polonais renommé pour son esprit, s'était fait présenter à Mme Sand, qu'il désirait beaucoup connaître. Il n'en put tirer autre chose que des *oui* et des *non*. Après une heure d'efforts infructueux pour la faire parler, le comte se leva et lui dit : « Je crains, Madame, de vous

« avoir importunée, et que vous n'aimiez pas
« la causerie autant que je le supposais.
« — Monsieur le comte, répondit Mme Sand,
« quand vous allez dans le monde, c'est pour
« briller; moi c'est pour me reposer. » Elle
se réservait pour le moment du travail, et
quand elle écrivait (lettre au Dr Faivre) c'était, disait-elle, le résultat de réflexions ou
d'impressions antérieures et non le produit
immédiat de sa volonté.

Le joli conte d'Alfred de Musset, *Histoire d'un merle blanc*, nous initie à la manière de Mme Sand. Le merle et sa merlette unis par les mêmes goûts littéraires travaillent ensemble : « Tandis que je composais mes
« poèmes, elle barbouillait des rames de
« papier. Je lui récitais mes vers à haute
« voix, et cela ne la gênait nullement pour
« écrire pendant ce temps-là. Elle pondait
« ses romans avec une facilité presque
« égale à la mienne.... Il ne lui arrivait

« jamais de rayer une ligne ni de faire
« un plan avant de se mettre à l'œuvre.
« C'était le type de la merlette lettrée. »

M. Émile Aucante, qui fut secrétaire de Mme Sand et recopiait sa copie à mesure qu'elle écrivait, s'excusait d'être en retard, ne pouvant la suivre : « Cela se comprend, lui « dit-elle ; tu as besoin, mon enfant, de te « reporter sans cesse à mon texte, et moi je « n'ai qu'à suivre ma pensée qui va même « plus vite que ma plume. » A peine Mme Sand terminait-elle un roman qu'aussitôt elle en commençait un autre. Elle avait la passion d'écrire comme d'autres ont celle de parler. Cette passion l'absorbait tout entière et lui ôtait la faculté d'aimer sincèrement. Malheureusement les sentiments qu'elle savait inspirer avaient une telle puissance que la rupture laissait souvent au cœur de la victime une plaie inguérissable. Ce fut le cas d'Alfred de Musset. Ses aventures successives avec une grande tragédienne, avec une princesse italienne qui aimait trop la musique et les musiciens, avec une comtesse russe qui joignait aux mêmes goûts l'humeur fantasque particulière aux Slaves, avec une muse blonde qui a raconté sa vie, avec d'autres encore; rien ne put jamais effacer le souvenir douloureux de sa grande passion pour l'auteur impassible de tant de romans fiévreux. Si on lui en parlait, il se bornait à dire : « Ma maîtresse était brune; elle avait « de grands yeux; je l'aimais; elle m'avait « quitté; j'en avais souffert et pleuré pendant « quatre mois; n'est-ce pas en dire assez? »

Avant qu'ils n'eussent rompu, des scènes orageuses et violentes étaient fréquentes entre eux. Il sort un jour furieux, déclarant qu'il ne la reverrait plus. Rentré chez lui il écrivit une lettre de six pages fulminante comme un réquisitoire, remplie d'amers et sanglants reproches. A peine l'avait-il mise à la poste qu'il en reçoit une de Mme Sand se disculpant et le conjurant de revenir. Aussitôt sa colère s'éteint, et il voudrait reprendre sa lettre ; mais comment faire? « L'avare Achéron ne lâche pas sa proie. » Musset obtient pourtant de la poste que l'on recherche sa malheureuse missive ; il fallait encore prouver l'identité des écritures, et de plus réciter le contenu, ce que le poète put faire textuellement, grâce à son excellente mémoire. La brouille ainsi conjurée fut suivie de beaucoup d'autres jusqu'à la fin de leur intimité. Nous avons reconnu que Musset de son côté cherchait ou acceptait des diversions à son chagrin ; semblable en cela à la plupart des politiciens libéraux, il aurait voulu la liberté pour lui seul. Ce fut la source de récriminations qui se manifestèrent vingt ans plus tard, alors que les myrtes desséchés sur la tombe du poète semblaient ne plus admettre que la paix et le silence. Mme Sand vint la première

remuer ces cendres refroidies dans un roman tout personnel. Paul de Musset répondit au nom de son frère qui venait de mourir, par un autre roman rectificatif. Peut-être aurait-il mieux fait de passer la plume à sa sœur, Mme Lardin de Musset, dont la main délicate aurait su atténuer ses droits de légitime défense. Mme Louise Collet se mêla ensuite à la querelle en publiant un troisième roman à clefs. M. de Lescure a dit avec raison :
« *Elle et lui* est une calomnie vis-à-vis d'un
« mort; *Lui et elle* est une violence vis-à-vis
« d'une femme; *Lui* (de Mme Louise Collet)
« est une coquetterie. » Alfred de Musset avait évité lui-même d'attaquer directement celle qui était devenue son ennemie ; il avait enveloppé ses plaintes dans une peinture des luttes morales qui tourmentaient sa génération. Cœur avide et révolté, il a l'air de dire : O jeunesse, tout ce qui m'arrive vous est arrivé; vous avez cherché comme moi

à vous rendre compte de l'existence ; vous avez, comme moi, autre chose dans l'esprit que la notion bornée du présent. Qu'au moins le récit de mes souffrances vous serve d'enseignement !

CHAPITRE III

Quand Musset atteint la maturité, il chante encore la jeunesse pour la prolonger par la pensée. — Vers de Georges Browning ; il faut toujours aimer. Application de ce précepte par Alfred de Musset. — Ses excès ne l'aveuglaient pas ; ses vers contre la débauche. — Sa poursuite de l'absolu en toute chose ; essai de plusieurs carrières ; essai de plusieurs amours ; déceptions et diversions noctambules où dangereuses. — Engourdissement du poète suivi de superbes réveils : apostrophe de Franck à l'or. — L'homme et le poète ; mot de M. Zola ; pensée de lord Lytton. — Les douleurs de l'âme élèvent le talent. — L'élégie prend avec lui plus de vigueur et une forme nouvelle. — Musset, naturellement gai, aime la vie de famille ; son refuge dans les orages. — Ses gaîtés interrompues par l'inspiration. — Il aimait le soleil et les grandes lumières. — Ses instincts d'élégance ; son origine nobiliaire. — Ses amis préférés français et étrangers. — *Les lions ;* les *cocodès ;* les *viveurs ;* Alfred Tattet. — Le café Tortoni et le café de Paris centre de la vie élégante. — Moyen de concilier l'économie avec l'élégance. — Prodigue à l'occasion, il a horreur des dettes, comme Mme de Sévigné ; crainte de la mort comme elle.

Quand Musset eut passé 30 ans, ce qui, pour lui qui avait vécu vite, était la maturité, il comprit qu'il allait sortir de cette période où il est permis d'aimer et d'être aimé. La Fontaine disait aussi : « Ai-je passé le temps d'aimer? » — « Que fera notre poète? » dit M. Montégut. Il chantera encore l'heureuse saison qu'il a maintenant dépassée, la prolongeant par la mémoire, et préférant « l'existence d'ombres et de mânes qu'il se crée ainsi, à la morose réalité de l'âge où il est entré ». Un poète anglais contemporain, auquel l'Angleterre vient de faire de magnifiques funérailles, Georges Brouning, écrivait ceci : « Ne cesse jamais d'aimer : quand « tu ne pourras plus aimer les femmes, aime « l'humanité; quand tu ne pourras plus aimer « l'humanité, aime la nature, et quand tu ne « pourras plus aimer la nature, aime Dieu. »

Alfred s'en tenait au premier terme : aimer la femme lui paraissait être le souverain bien, et l'abus qu'il en fit lui ôta la faculté, mais non le désir d'aimer. De là une souffrance sans cesse renaissante au cours de laquelle, comme le remarque justement le comte de Brémond d'Ars, « il essaie vaine- « ment de se figurer que sa douleur est un « charme, souffrance au prix de laquelle la « vie du cloître est féconde en joies. Ce n'est « pas le roué, c'est l'homme de dévouement « qui sait aimer ». Le poète en a lui-même laissé échapper l'aveu. Aussi n'est-il pas un vérita- ble roué. Nous voyons bien ici un homme faible, asservi à ses sens, mais nullement un perverti. N'est-ce pas lui qui exprimait ainsi son mépris pour les excès :

> Ah ! malheur à celui qui laisse la débauche
> Planter le premier clou sous sa mamelle gauche !
> Le cœur d'un homme vierge est un vase profond :
> Lorsque la première eau qu'on y verse est impure,
> La mer y passerait sans laver la souillure,
> Car l'abîme est immense, et la tâche est au fond.

Les écarts de conduite d'Alfred de Musset étaient la conséquence naturelle de son or- ganisation : son esprit inquiet et ombrageux voulait en toute chose l'absolu, l'infini, l'impossible. Au sortir de l'adolescence, l'étude du droit l'avait d'abord tenté et ensuite rebuté par les subtilités et les chicanes qui obscurcissaient la justice et la vérité. Il avait commencé l'étude de la médecine, mais l'anatomie pratique, la dissection, lui soulevait le cœur sans pouvoir lui révéler le secret de la vie. Il essaya aussi de la peinture, mais le chemin lui parut trop long pour arriver à la perfection qu'il rêvait. Cette aspiration inassouvissable, cette recherche du plus que parfait, il l'appliquait à l'amour même. Il s'y livrait franchement, avec impétuosité ; aussi disait-il : « Je ne suis pas tendre ; je suis excessif. » Or, comme les choses excessives ne peuvent durer, il survenait de part ou d'autre des mécomptes et des blessures que le poète ressentait d'autant plus vivement qu'il était plus sensible. Quelquefois alors il s'enfuyait, tantôt se laissant aller à des diversions coupables, ou bien, par une fantaisie de noctambule, il allait, au milieu de la nuit, parcourir le vieux Paris, seul ou avec un ou deux amis, suivant les quais, s'oubliant à contempler les édifices historiques ou religieux du moyen-âge, Notre-Dame, le Châtelet, la flèche aiguë de la Sainte-Chapelle se découpant sur un ciel sombre, puis la Seine avec son eau noire et son aspect sinistre comme une fosse immense creusée pour ensevelir la ville entière. Un soir, accompagné de trois amis, ils imaginèrent d'installer sur la berge du fleuve une table avec des torches et d'y jouer une partie de cartes. Mais le jeu fut vite abandonné, et remplacé par des récits de légendes dramatiques où chacun rivalisait d'images fantastiques et terribles. Le plus souvent, au lieu de cette fantaisie macabre, à chaque rupture, Musset cherchait à calmer sa douleur et à s'étourdir par un autre genre d'excès. Triste remède, sans doute, mais assez efficace, dit-on, pour qu'un débitant de boissons du Pont-

Neuf ait cru pouvoir écrire au-dessus de sa porte : *Débit de Consolation*. Ces ressources du désespoir, qu'on a d'ailleurs fort exagérées en ce qui concerne Alfred de Musset, étaient comme des nuages qui passaient sur le soleil, puis le laissaient reparaître, jusqu'au moment où une nouvelle douleur ressaisissait notre poète.

Souvent d'ailleurs son engourdissement apparent cachait un travail intérieur du cerveau qui, à un moment donné, se manifestait soudainement. C'est ainsi qu'un reproche brutal et non mérité de Mme Sand fit jaillir la belle tirade de Franck sur la puissance de l'or dans *la Coupe et les lèvres*. Alfred de Musset avait joué un soir assez gros jeu, bien qu'il ne fût pas joueur, et gagnait une somme très forte. Il revint trouver Mme Sand, qui était occupée à écrire, et ne se dérangea pas de son travail. Musset s'assoupit dans un fauteuil, puis glissa sans se réveiller sur une peau de panthère, ayant toujours entre les jambes son chapeau où il avait entassé l'or et les billets qu'il avait gagnés. Mme Sand, quand elle eut fini son chapitre, se retourna, et voyant le poète encore endormi, elle se méprit sur son état et le réveilla rudement en disant : « Est-ce un « poète ou une brute ? — Eh bien ! dit Musset, vous allez voir le poète ! » et saisissant la plume même de Mme Sand il écrivit tout d'un trait le début du 2me acte de son poème dramatique *la Coupe et les lèvres*.

« FRANCK, DEVANT UNE TABLE CHARGÉE D'OR. »

De tous les fils secrets qui font mouvoir la vie,
O toi, le plus subtil et le plus merveilleux !
Or ! principe de tout, larme au soleil ravie !
Seul Dieu toujours vivant, parmi tant de faux dieux !
Méduse, dont l'aspect change le cœur en pierre
Et fait tomber en poudre, aux pieds de la rosière,
La robe d'innocence et de virginité !
Sublime corrupteur ! — Clef de la volonté !
Laisse-moi t'admirer ! — Parle-moi, — viens me dire

Que l'honneur n'est qu'un mot, que la vertu n'est rien ;
Que, dès qu'on te possède on est homme de bien ;
Que rien n'est vrai que toi ! — Qu'un esprit en délire
Ne saurait inventer de rêves si hardis,
Si monstrueusement en dehors du possible,
Que l'on ne puisse encor, sur ton levier terrible,
Soulever l'univers, pour qu'ils soient accomplis !

. . . .

Les rêveries léthargiques d'Alfred de Musset n'avaient pas toujours un pareil réveil; les nuages persistaient quelquefois, et vers la fin les éclipses devinrent plus fréquentes, mais les rayons disparus n'en avaient pas moins fécondé une moisson poétique digne d'admiration. Si on veut juger l'*homme* dans l'artiste, nous oserons dire avec M. Émile Zola : « La postérité n'a pas à lui demander compte « de ses vertus bourgeoises. Il ne porte pas « au front l'immortel laurier pour s'être « couché chaque jour de bonne heure et « avoir eu l'estime de son concierge. » Et, quant au *poète*, rappelons cette pensée si juste de lord Lytton Bulver : « *Talent does what it can, genius what it must.* » — Le talent fait ce qu'il peut, le génie ce qu'il doit faire.

Les plaintes exhalées par le poète tant en prose qu'en vers étaient peut-être excessives, mais les chagrins imaginaires ne font pas moins souffrir que les chagrins réels ; ils font même souffrir d'avantage. Que ce fût ou non par sa faute, Alfred de Musset a été malheureux ; ses souffrances mêmes ont servi à sa gloire, car c'est sous leur étreinte que son génie s'est élevé jusqu'aux accents pathétiques auxquels son caractère n'était pas prédisposé. Comme il l'a dit lui-même dans *la Nuit de mai* : « Rien ne nous rend si grands qu'une grande douleur. » Le poète qu'on avait connu souriant et moqueur, conteur charmant, railleur impitoyable, en guerre ouverte avec la prosodie aussi bien qu'avec la morale, allait bientôt faire revivre l'élégie sous une forme nouvelle, avec une force d'expression qu'elle n'avait pas connue avant lui. A la différence des poètes élégiaques, qui semblent gémir par habitude et pour accorder leur lyre au ton qu'ils ont adopté, on voit que les élégies de Musset étaient sincères et exprimaient une douleur réellement ressentie.

Musset était naturellement gai, d'une gaîté communicative qui ne haïssait même pas les bouffonneries et les calembours. Il avait la douceur et la grâce même dans la discussion, c'était un éblouissement que de l'entendre, car il savait donner une tournure exquise aux choses les plus insignifiantes. Personne n'avait comme lui le culte de la famille. Au milieu de ses détresses morales et de ses fautes, l'amour filial était son refuge; une mère, disait-il, est un conseiller infaillible. Heureux, disait-il encore, celui qui peut conserver sa mère et jouir de « sa

« tendresse ; celui-là est privilégié, car il
« aura connu le bonheur d'être aimé pour
« lui-même ». Une famille unie est un milieu
enchanté qui élargit le cœur ; on se comprend,
on se juge avec bienveillance ; entre les
êtres qui se tiennent par le sang, tout sert
de lien, même les faiblesses ; et saint Augustin donne comme un signe de réprobation de ne pas aimer les siens ; c'est la marque d'un sang condamné. La famille est
comme la fameuse *langue* d'Ésope : ce qu'il
y a de meilleur et ce qu'il y a de pire ; car
la plus grande douleur de ce monde est de
ne pas rencontrer l'affection des siens surtout
quand on l'a méritée. Alfred de Musset
paraît avoir eu de ce côté un bonheur sans
mélange. Dans l'intimité et dans les petites
réunions de famille, entre sa mère qu'il
adorait et sa sœur et son frère, qu'il aimait
passionnément, pendant que son humeur
joyeuse éclatait en mille traits spirituels et

plaisants, tout à coup il s'arrêtait et devenait sérieux : c'est qu'une inspiration poétique paraissait le saisir. Aussitôt, d'un commun accord, on se taisait ou l'on ne parlait plus qu'à voix basse pour ne pas troubler sa méditation. C'est à tort qu'on a dit que Musset recherchait les ténèbres pour s'inspirer ; au contraire, quand il voulait écrire il s'entourait de lumière ; il lui fallait le grand éclat du soleil, ou des lampes, des bougies, un lustre allumé, un air de fête pour recevoir la Muse qui venait le visiter. Ce n'est qu'accidentellement et dans ses accès de misanthropie qu'il a cherché l'ombre de la nuit. D'ordinaire, il aimait à vivre en pleine lumière.

Il avait soif d'élégance et de distinction dont il possédait le sens inné. On retrouvait en cela les traces d'une origine nobiliaire incontestable. Il remontait jusqu'à Jeanne d'Arc, comme descendant de Catherine de

Lys, sa nièce, que Charles VII avait pris soin lui-même de marier afin de conserver le sang de la famille de notre libératrice. Un cousin d'Alfred chez qui il allait souvent, au château de Cogner, le marquis de Musset, député sous la Restauration et mort très âgé en 1839, avait sûrement droit au titre qu'il portait, car la mode n'était pas alors aux usurpations de titres, devenues maintenant si fréquentes qu'on y fait à peine attention. Notre poète aurait pu légitimement être appelé vicomte. « Mais, comme dit Petit-Jean dans *les Plaideurs* : sans argent, l'honneur « n'est qu'une maladie, » et Alfred ne parlait guère de sa noblesse, quoiqu'il fût bien aise qu'on ne l'oubliât pas.

Son penchant pour la haute vie aristocratique lui faisait rechercher les jeunes gens à la mode, et il en était recherché. Ses amis de prédilection étaient le marquis Alfred de Belmont, le marquis Alfred de Montebello,

M. Édouard Bocher, le prince d'Eckmühl, qui l'attirait chez lui à Fontainebleau et lui prêtait ses chevaux, et même quelquefois son uniforme d'officier de lanciers, que Musset, par enfantillage, aimait à revêtir, trouvant qu'il lui allait bien; puis le comte d'Alton Shée avant ses erreurs, le marquis de Hertfortd, lord Seymour, le prince Belgiojoso et d'autres seigneurs étrangers qui étonnaient Paris par leur faste, leurs excentricités, leurs aventures romanesques, en un mot tous les coryphées de la haute vie aux allures de conquérants et qu'on appelait alors *les lions*. A ceux-ci ont succédé avec moins d'éclat et de fantaisie les *cocodès* du second Empire, dont l'élégance était le principal caractère et parmi lesquels on pourrait encore citer quelques figures originales : Paul Demidoff, célèbre par son faste, ses collections artistiques, ses œuvres philanthropiques ; le duc de Caderousse, dont la vie si courte a jeté aux vents tant de millions et tant d'esprit gaspillés mais rachetés par une fin chrétienne, attestée par les adieux touchants d'un poète, le baron de Saint-Amand. Et plus récemment le duc de Castries, beau joueur en tout genre, sportsman plein d'entrain, spirituel sceptique, dissipant avec une égale désinvolture une grande fortune et une santé chancelante jusqu'à son dernier souffle. Aujourd'hui tous ces types ont disparu sous le niveau incolore de la démocratie. On ne peut oublier d'inscrire au premier rang des amis de Musset, M. Alfred Tattet, son intime compagnon de plaisir, qui après avoir favorisé, ainsi que sa grande fortune le lui permettait, les entraînements de Musset, lui resta fidèlement attaché jusqu'au dernier jour. Le poète lui adressa beaucoup de vers, et l'on croit qu'il a voulu peindre le scepticisme railleur de son ami dans le personnage de Desgenais de *la Confession d'un enfant du siècle*. C'était le type du viveur qui n'appartient à aucune époque et à aucune catégorie sociale parce qu'il appartient à toutes, n'ayant d'autre but que le plaisir à outrance.

Avant que les Grands Cercles de Paris n'eussent pris les développements que nous voyons aujourd'hui, le café Tortoni et le Café de Paris, se complétant l'un par l'autre, étaient le rendez-vous de la haute *fashion*, particulièrement de 1830 à 1848. Quiconque voulait être qualifié comme étant du *monde* ne manquait pas de passer chaque jour à 5 heures devant Tortoni où s'échangeaient les nouvelles du jour, les paris de courses, les paris excentriques, les récits de mystifications amusantes alors très en vogue. On s'entassait sur le perron de Tortoni; puis l'on se répandait sur le boulevard, sans jamais dépasser la partie comprise entre la rue du Helder et la rue Lepeletier, pour se retrouver le soir à l'Opéra. Le boulevard des Italiens, appelé autrefois le boulevard de Gand, était donc le centre du mouvement et des plaisirs élégants. Sa vogue devint même tellement gênante pour ses premiers habitués qu'ils prirent le parti de louer deux salons dépendant du Café de Paris, afin de s'écarter de la foule sans quitter leur cher boulevard. Parmi les 50 fondateurs de ce petit cercle du Café de Paris on remarque le nom d'Alfred de Musset. La vie y était chère, et le poète n'était pas toujours en mesure de solder des *additions* fort élevées. Aussi, dans ses moments de gêne, il allait dîner dans un obscur restaurant à 22 sous, après quoi il courait rejoindre, au boulevard, la jeunesse dorée, tête haute, un curedent à la bouche, dans l'attitude d'un dîneur satisfait.

On peut sourire de cette petite comédie, mais Musset était prêt à jeter l'or quand il en avait, et le docteur Véron nous le montre courant dépenser pour une fête improvisée 3.000 francs qu'il venait de toucher au *Cons-*

titutionnel. Malgré cela, il faut dire à son honneur qu'il ne fit jamais de dettes, préférant disparaître et aller vivre obscurément à la campagne jusqu'au jour où le produit de sa plume lui ouvrait de nouveau l'Olympe de convention qu'il aimait. Nous tenons de la personne qui eut soin de son ménage pendant ses dix dernières années un détail qui montre l'attention qu'il prenait de ne pas dépenser au delà de ses ressources. Il avait réglé sa dépense à 7 fr. 50 par jour, et quand il invitait un ami à dîner il donnait un franc de plus pour qu'on lui fît honneur; mais Alfred n'était pas en peine de remplacer le dessert ou le rôti qui manquait, comme faisait Mme Scarron, par une charmante histoire.

Rien de plus respectable que cette horreur des dettes. C'est ce même sentiment qui faisait dire par Mme de Sévigné : « J'ai une joie « extrême de penser que je mourrai sans « aucun argent comptant, mais aussi sans

« dettes. C'est tout ce que je demande à
« Dieu, et c'est assez pour une chrétienne. »
Musset se rencontre encore avec l'illustre
marquise dans la crainte de la mort ; ainsi,
il disait familièrement : « Je donnerais ma vie
« pour deux sous, si, pour la quitter, il ne
« fallait pas passer par la mort. » Et Mme de
Sévigné écrivait : « Je suis embarquée dans la
« vie sans mon consentement ; il faut que j'en
« sorte ; et comment en sortirai-je ? Je m'a-
« bîme dans ces pensées, et je trouve la mort
« si terrible, que je hais plus la vie parce
« qu'elle ne m'y mène que par les épines
« dont elle est semée. »

CHAPITRE IV

Caractère et tendances d'Alfred de Musset dès le collège. — Son entrée au *Cénacle*. — Gages de son affiliation. — Ballade à la lune. *Le point sur l'i: tarte à la crème.* — Accueil un peu froid des chefs. — Lamartine ne voit rien hors de lui-même ; il ne connaît pas Béranger ; sa naïveté sur des vers dont il se croit l'auteur. — Alfred de Vigny d'abord hésitant adopte Musset. Lettres (inédites) de remercîment du poète. Il plaint les artistes qui meurent en route. — Son admiration pour Victor Hugo. Ses réserves au sujet des rimes riches. — En 1833 il quitte l'Ecole romantique et reprend sa liberté. — Sa vigilance sévère pour la correction des copies. — Ses paroles de contrition et ses hommages à la belle langue française. — Stances à Charles Nodier ; souvenirs des jeunes années et des espiègleries poétiques ; Mlle Marie Nodier. — Le salon de l'Arsenal ; simplicité des habitudes ; réunion des célébrités nouvelles. — La table d'écarté et la bassinoire de Nodier. — Liaison de Musset avec le duc de Chartres ; sa ressemblance avec ce Prince ; la distinction des manières les rapprochent ; aveu de d'Alton-Shée. — Après 1830, l'amitié du Prince continue ; présentation aux Tuileries ; singulière méprise du roi. — Alfred nommé bibliothécaire du Ministère de l'intérieur. — Mort du duc d'Orléans ; hommage antérieur d'Henri Heine. — Stances de Musset.

Le caractère de Musset se dessina dès sa

première jeunesse. Nous avons remarqué sa recherche dans les soins de toilette; il faut noter aussi son éloignement pour le vulgaire, sont goût pour l'extraordinaire, et en même temps en littérature son dédain pour les auteurs classiques. M. de Wrilly, professeur de troisième, apprenait à ses écoliers à faire des vers latins suivant le programe des Études, et des vers français à titre de divertissement. Le bon professeur se récriait sur les bizarres essais poétiques de l'élève Musset, qui sur ce point ne l'écoutait guère. A vrai dire, le dédain qu'il affectait était plutôt affaire de mode et d'entraînement juvénile pour des formes nouvelles. Quant au fond de la langue, comme le remarque M. Vallier, le vocabulaire d'Alfred de Musset a toujours été celui des classiques. Mais il s'amusait comme un enfant des libertés conquises par l'École romantique. Un de ses camarades de classe, Paul Foucher, beau-frère de Victor Hugo, introduisit

Musset à 17 ans dans le fameux *Cénacle*. Le néophite devait naturellement donner des gages de son affiliation, c'est ainsi que furent composés les morceaux qu'il réunit ensuite sous le titre *Contes d'Espagne et d'Italie*.

Quand on relit aujourd'hui la fameuse *Ballade à la lune*, qui passe pour la plus grande hardiesse du poète, si au lieu de crier : *Ah! le point sur l'i! le point sur l'i!* comme faisait le marquis dans la *Critique de l'école des Femmes*, avec le mot *tarte à la crème*, si on relit la ballade sans prévention, on voit que le poète s'amuse; mais il nous amuse aussi, et ce rythme si piquant et si harmonieusement cadencé nous montre çà et là de belles images : c'est ainsi qu'il dit à la lune :

> Es-tu, je t'en soupçonne,
> Le vieux cadran de fer
>   Qui sonne
> L'heure aux damnés d'Enfer ?

> Sur ton front qui voyage,
> Ce soir ont-ils compté
>   Quel âge
> A leur éternité?

Et ces strophes encore, empreintes du frais parfum de l'antiquité :

> Va, lune moribonde,
> Le beau corps de Phœbé
>   La blonde
> Dans la mer est tombé.
>
> . . . .
>
> Rends-nous la chasseresse
> Blanche au sein virginal,
>   Qui presse
> Quelque cerf matinal !
>
> Phœbé, qui, la nuit close,
> Aux lèvres d'un berger
>   Se pose
> Comme un oiseau léger.

Bien que le Cénacle eût été fondé dans un esprit de révolte et d'indépendance, cette coterie littéraire reconnaissait tacitement des chefs. C'étaient alors Lamartine, Alfred de Vigny et surtout Victor Hugo. Musset trouva un accueil assez froid auprès du premier, qui lui rendit plus tard un hommage posthume et avoua qu'il l'avait dédaigné parce qu'il ne l'avait pas lu. C'était peut-être vrai, car Lamartine planait si haut que rien ne lui paraissait à la hauteur de ses yeux. Dans un dîner à Londres, où il se trouvait, chez Samuel Rogers, riche banquier et poète estimé, on vint à parler du célèbre poète chansonnier Béranger, qui venait de mourir, et l'on demanda à Lamartine ce qu'il en pensait? — « Je ne le connais pas, » fut sa réponse. — « Je vous plains, » répliqua Rogers. Quand il pensa à vendre son château de Milly pour payer ses dettes, et qu'une souscription spontanée vint à son aide, un admirateur un peu étourdi lui écrivit en envoyant son offrande : « Gardez Milly, Monsieur, et puissiez-vous redire souvent : « Combien j'ai douce souvenance du « joli lieu de ma naissance. » — Quelle délicate attention, s'écrie Lamartine, de me citer mes vers ! — Mais, lui observe-t-on, ces vers ne sont pas de vous ; ce sont des vers bien connus de Chateaubriand. — Vous croyez, » fait-il étonné?...

Des trois grands chefs du romantisme, Afred de Vigny était le plus accessible ; après quelque hésitation il devina le nouveau poète et lui tendit la main. Alfred de Musset lui écrivait : « Mon cher Monsieur.

« Puis-je espérer que vous voudrez bien
« venir entendre ces malheureux poèmes que
« je me propose de lire ? Vous y trouverez
« de nos amis et nous ferez bien grand plai-
« sir. Je ne puis que vous renvoyer l'exhor-
« tation que vous m'avez adressée pour
« Otello : *Venez, brave cœur,* — non qu'il
« s'agisse d'un danger, mais il ne s'en agit
« pas moins d'un secours; et c'est surtout
« le vôtre que j'invoque ; car vous êtes aussi
« mon père *in litteris.*

« Alfred DE MUSSET, 17 décembre,
« N° 59, rue de Grenelle-Saint-Germain. »

Au dos : « Monsieur de Vigny, n° 30, rue
« de Miromesnil, à Paris. »

Le surlendemain, Musset le remerciait :
« Que vous êtes bon d'être venu, et que je
« vous remercie de votre livre, dont j'ai
« déjà dévoré la tête, c'est-à-dire la préface.
« Que j'y ai vu de belles et larges pensées,
« si vraies, et au fond de tout un peu tristes!
« Le plaisir de vous lire vaut celui de vous
« voir, et je me prépare l'un par l'autre.
« Votre tout dévoué du cœur.

« Alfred de Musset. »

Ces deux lettres paraissent être de 1830;
la suivante est de 1831 : « Je suis comme
« ces femmes enceintes qui croient toujours
« que leur dernier enfant sera le plus beau
« et qui, au milieu d'une lignée de hiboux,
« croient avoir l'Apollon du Belveder dans
« le ventre; c'est ce qui fait que je n'ai
« point encore usé ou abusé de votre bonne

« et utile amitié. Je suis, hélas ! en travail
« d'un dernier monstre que les naturalistes
« de la littérature expliqueront comme ils
« pourront, et au lieu de le mettre dans un
« bocal d'esprit de vin, je le tire à grand'
« peine par les jambes d'une bouteille d'eau-
« de-vie. Aussitôt l'accouchement, j'espère
« que vous me permettrez d'en appeler à
« cette promesse que vous me rappelez
« d'une manière si aimable, et de vous vo-
« ler quelques heures de poète pour les rê-
« veries d'un oisif, qui est tout à vous de
« cœur et d'esprit.

« Alfred de MUSSET. Mercredi. »

Au dos : « M. le comte de Vigny, rue
« des Écuries-d'Artois, 3 ou 7. »

On voit par le ton familier de ces lettres
la confiante amitié qui s'était formée entre
les deux Alfred et en même temps la déférence de Musset envers son *ancien*. Il dé-

mandait un jour l'appui de Vigny et de Mme Dorval en faveur d'une belle actrice sollicitant un emploi vacant à la Porte-Saint-Martin par la mort de la titulaire, et il finissait sa lettre par cette réflexion mélancolique : « Une troupe d'oiseaux de pas-
« sage ne regarde pas ceux qui tombent en
« volant, mais continue sa route avec le
« vent. Une troupe d'acteurs lui est pareille ;
« elle ne s'arrête pas à voir ceux qui se
« brisent ni ceux qui ne peuvent plus vo-
« ler : elle continue sans pitié. Tout est
« pour elle dans l'instant présent. »

Alfred de Musset eut avec Victor Hugo, pendant plusieurs années, une grande intimité accompagnée des marques d'admiration qu'on ne pouvait refuser ni mesurer au grand chef de l'École romantique. Et, de fait, il l'admirait si bien que dans ses commencements il l'avait un peu imité. Mais son bon sens l'avait empêché de se livrer

entièrement aux doctrines ou aux pratiques des novateurs. Ainsi, il trouvait puérile la recherche des rimes riches, et ne comprenait pas que l'on commençât un vers par la fin de manière à subordonner la pensée à la rime ; il regrettait même d'avoir quelquefois brisé ses vers. En 1833, il quitta les rangs des romantiques et il en donna ses raisons : « Assez
« longtemps j'ai épilogué sur des livres, puis
« sur des pages, puis sur des périodes, puis sur
« des épithètes, puis sur une rime, puis sur
« la virgule d'une césure. Assez longtemps
« j'ai joué avec les mots. Je désire maintenant
« sentir, penser et exprimer librement, sans
« subir la règle d'aucun ordre et sans dé-
« pendre d'aucune église. » Cependant, ce dédain des règles ne l'empêchait pas d'être lui-même très exigeant vis-à-vis des imprimeurs. Apercevant un jour entre les mains d'une dame un volume de ses poésies où il reconnut une contrefaçon belge, il se saisit

de ce volume, tout en colère, moins pour le préjudice que cette contrefaçon portait à ses intérêts qu'à cause des incorrections si fréquentes dans ces impressions mercantiles. Sa correspondance avec le Dr Véron témoigne combien il « se désespérait » d'une virgule mal placée dans la pièce de *Carmosine*, parue dans *le Constitutionnel*. Du reste, ce soin méticuleux est ordinaire aux auteurs, et il est assez naturel qu'ils attachent de l'importance aux moindres détails qui marquent le chemin qu'a suivi leur pensée.

La révolte d'Alfred de Musset à l'égard du romantisme se préparait depuis trois ans, car il écrivait en 1830 à son oncle M. Desherbiers, au Mans, en lui envoyant son premier recueil de poésies : « Je te demande grâce
« pour des phrases contournées ; je m'en crois
« revenu. Tu verras des rimes faibles ; j'ai
« eu un but en les faisant, et sais à quoi
« m'en tenir ; mais il était important de se dis-

« tinguer de cette école *rimeuse* qui a voulu
« reconstruire et ne s'est adressée qu'à la
« forme, croyant rebâtir en replâtrant. » En
1831, *les secrètes pensées de Raphaël, gentilhomme français*, nous offrent un aveu dans
le même sens et un hommage à notre chère
langue française :

> France, ô mon beau pays ! j'ai de plus d'un outrage
> Offensé ton céleste harmonieux langage,
> Idiôme de l'amour, si doux qu'à le parler
> Les femmes sur la lèvre en gardent le sourire ;
>
> . . . .
>
> Me pardonneras-tu ? serai-je digne encor
> De faire sous mes doigts vibrer la harpe d'or ?

Des Stances à Charles Nodier, écrites en
1843, rappellent aussi avec un accent de
contrition l'époque de son noviciat littéraire
et ses écarts de composition où il s'était
arrêté à temps. Nous reproduisons quelques-
unes de ces petites stances, non comme un
choix parmi de magnifiques poésies où tout
serait à citer, mais comme un document

pour l'histoire d'Alfred de Musset. Charles Nodier réunissait, les dimanches soirs, à l'Arsenal, dont il était bibliothécaire, la jeunesse vouée aux lettres et particulièrement les adeptes du romantisme. Les discussions littéraires y laissaient une large place à la danse où Musset se signalait avec ardeur. Il s'en souvenait encore quinze ans après :

> Lorsque, rassemblés sous ton aile
> Paternelle,
> Echappés de nos pensions,
> Nous dansions,
>
> Gais comme l'oiseau sur la branche,
> Le dimanche.
> Nous rendions parfois matinal
> L'Arsenal.
>
> . . . .
>
> Quelqu'un récitait quelque chose,
> Vers ou prose,
> Puis nous courions recommencer
> A danser.
>
> . . . .
>
> Alors, dans la grande boutique
> Romantique,

Chacun avait, maître ou garçon,
Sa chanson :

Je brochais des Ballades, l'une
A la lune,
L'autre à deux yeux noirs et jaloux
Andaloux.

Cher temps, plein de mélancolie,
De folie,
Dont il faut rendre à l'amitié
La moitié !

La fille de Charles Nodier, qui devint plus tard Mme Menessier, n'était pas le moindre charme de ces réunions de l'Arsenal : « si bonne et si jolie, » lui disait Musset dans un de ses sonnets. Peu de jeunes filles, écrit Mme Ancelot ont eu autant que Mlle Marie Nodier cette verve joyeuse qui semble dire : je suis heureuse de vivre. Le salon de Charles Nodier a été décrit par Amaury Duval avec des détails qui méritent d'être conservés

comme un tableau des mœurs si simples de
la haute littérature vers 1830. « Après avoir
« traversé une antichanbre assez étroite, on
« entrait dans la salle à manger qu'éclai-
« rait une petite lampe placée sur un poêle.
« C'est là que sur la table repoussée près
« du mur les invités déposaient leurs man-
« teaux ou leurs pardessus, les femmes
« leurs chapeaux, et, à côté, les socques et
« les parapluies ; car bien peu de nous pou-
« vaient se donner le luxe d'un fiacre, et ni
« la pluie ni la neige, ni rien n'aurait pu
« arrêter ces jeunes et charmantes jeunes
« filles et leurs intrépides danseurs... Une
« fois débarrassé de son manteau, après avoir
« jeté un dernier regard sur sa toilette,
« après avoir vérifié si un peu de crotte ne
« restait pas au bas du pantalon, l'invité
« prenait un petit couloir qui séparait la
« salle à manger du salon, tournait le bou-
« ton comme s'il eût été chez lui, et, la porte

« ouverte, il jouissait alors du ravissant spec-
« tacle d'un bal dont la jeunesse et l'entrain
« faisaient seuls tous les frais... D'anciennes
« boiseries sculptées étaient peintes en blanc.
« L'éclairage était aussi simple que le reste :
« deux lampes sur la cheminée, et, de cha-
« que côté du portrait de Nodier, œuvre de
« Paulin Guérin, deux quinquets qu'il fal-
« lait quelquefois ranimer... »

Mais on oubliait bien vite la simplicité de l'ameublement, l'insuffisance de l'éclairage, la pauvreté des rafraîchissements, quand on trouvait réunis dans ce salon célèbre le génie, l'esprit et la gaieté, avec Lamartine, Victor Hugo, Alexandre Dumas, Alfred de Musset, Alfred de Vigny, Eugène Delacroix, et tant d'autres de la brillante génération de 1830. La plupart de ces jeunes gens déjà illustres se livraient avec ardeur au plaisir de la danse, et la charmante fille de Nodier, avec ses compagnes, remplissait d'entrain et de joie le

salon de son père. Pendant ce temps, Charles
Nodier, assis à une table d'écarté où l'enjeu
ne dépassait pas dix sous, faisait entendre
des exclamations tragi-comiques sur la fatalité qui ne cessait de le poursuivre. A 10
heures, il se retirait sans bruit, et l'on voyait
alors Mme Nodier lui porter une bassinoire,
traversant, son instrument à la main, les
groupes de danseurs, aux yeux de qui ces
soins touchants n'avaient rien de vulgaire.

Une autre maison hospitalière et amicale
s'était ouverte pour Alfred de Musset dès sa
première jeunesse : c'était celle du duc
d'Orléans (Louis-Philippe), dont le fils aîné,
duc de Chartres, camarade de classe de
Musset au collège Henri IV, s'était lié avec
lui d'une réelle amitié fondée sur la plus
grande sympathie. Il l'emmenait le dimanche
à Neuilly où les deux écoliers passaient
gaiement leur journée. Ils étaient du même
âge, beaux l'un et l'autre, avec quelques traits

de ressemblance qu'Alfred accentuait encore en imitant dans son habillement, ses attitudes même, le Prince, pour lequel il avait un culte passionné. Le duc de Chartres rappelait par le visage les traits de la reine Marie-Amélie, d'une si remarquable distinction. Nous ne pouvons mieux faire ici que de transcrire le portrait tracé par la plume magistrale de M. Thureau-Dangin : « On s'ima« ginerait difficilement un prince plus sédui« sant et plus brillant que ne l'était alors le « jeune duc d'Orléans. Grand, élancé, d'une « figure charmante, d'une élégance suprême, « excellant à tous les exercices du corps en « même temps que distingué dans les travaux « de l'esprit, brave au feu et galant auprès « des dames, c'était comme on a dit de lui : « le Français dans la plus aimable acception « du mot. » L'historien fait ensuite ressortir le patriotisme de ce Prince, la maturité de son esprit, sa courtoisie, le sentiment de sa dignité, l'art de se faire respecter et obéir ; il le montre dans un banquet après 1830, rappelant aux convenances et réprimant un projet de toast blessant pour les Bourbons. En un mot, « les qualités du jeune prince étaient telles que les plus hostiles se voyaient obligés de lui rendre hommage ». Alfred n'était pas banal en amitié ; beaucoup de jeunes gens se sont trouvés avec lui dans des réunions intimes sans qu'il se soit lié avec eux. Amaury Duval, qui le voyait souvent chez Nodier et l'admirait beaucoup confesse qu'ils n'éprouvèrent pas l'un pour l'autre, sans qu'il puisse s'en rendre compte, l'entraînement des atomes crochus. De même, d'Alton-Shée qui fut condisciple du Prince et du poète, avoue dans ses Mémoires que, malgré le désir de M. de Boismilon de le voir se lier avec le duc de Chartres, son élève, sa tenue d'écolier, plus que négligée, déplut à ce jeune « Prince, poli, élégant, distingué,

« au-dessus de son âge par les manières et
« l'éducation, et qui préféra la société d'Al-
« fred de Musset ». Le duc de Chartres, en
quittant le collège en 1825, écrivit à son ami
Alfred quelques mots d'adieu avec ce post-
scriptum : « J'attendais de vous autre chose
« que des respects. » Dans une autre lettre,
datée de 1826, le Prince écrit : « Pourquoi
« me dites-vous que vous n'avez rien d'inté-
« ressant à me raconter? Croyez-vous donc
« que je suis insensible aux succès de mes
« anciens camarades en général, et aux
« vôtres en particulier? Non, mon cher ami,
« soyez bien persuadé que j'y prends le plus
« vif intérêt... »

Après 1830, le duc de Chartres, devenu
duc d'Orléans et Prince Royal, continua à
montrer à son ancien camarade la même
amitié. Musset avait écrit un sonnet au roi
sur l'attentat Meunier. Le Prince Royal se
chargea de le lire à son père; ce qu'il fit,

mais avec peu de succès à cause des préventions trop classiques du roi Louis-Philippe. Il fit cependant inviter son ami aux Tuileries. Musset fut présenté au Roi qui l'accueillit amicalement, affectant par malice de le prendre pour un inspecteur de ses forêts qui portait le même nom, étant cousin du poète. Le Prince Royal voulait assurer à son ami une haute situation et il fut question de l'attacher à l'ambassade de Madrid. Mais Musset craignait d'enchaîner sa liberté, et tout ce qu'on put lui faire accepter fut la place de bibliothécaire du Ministère de l'intérieur, modeste emploi qui avait l'avantage de lui laisser des loisirs.

Quand, en 1842, le Prince Royal, sur lequel reposaient tant d'espérances, périt si malheureusement dans l'avenue de la Révolte, la sympathie fut générale et les regrets presque universels. Henri Heine avait écrit, en 1840, 3 ans avant la catastrophe : « Le

« Prince Royal est généralement aimé ; il a
« gagné tous les cœurs, et sa perte serait
« plus que pernicieuse pour la dynastie ac-
« tuelle. La popularité du Prince est peut-
« être la seule garantie de la durée de cette
« dernière. Mais cet héritier de la couronne
« est aussi une des plus nobles et des plus
« magnifiques fleurs humaines qui se soient
« épanouies sur le sol de ce beau jardin
« qu'on nomme la France. » Alfred de Musset, en apprenant la sinistre nouvelle, en fut saisi au point de tomber malade. Quelques mois après il écrivit sous ce titre, *le 13 juillet*, des stances consacrées au souvenir de cette auguste amitié.

Jamais coup plus cruel fut-il moins mérité ?
. . . .

Ni tache sur son front, ni faute dans sa vie.
Nul n'a laissé plus pur le nom qu'il a porté.
. . . .
. . . .

Neuilly ! charmant séjour, triste et doux souvenir !

Illusions d'enfants, à jamais envolées !
Lorsqu'au seuil du palais, dans les vertes allées,
La reine, en souriant, nous regardait courir ;
Qui nous eût dit qu'un jour il faudrait revenir
Pour y trouver la mort et des têtes voilées !

Malheureusement, parmi ces stances, il s'en trouva une qui déplut à la famille royale :

Il n'est pas tombé seul en allant à Neuilly,
Sur neuf que nous étions, marchant en compagnie,
Combien sont morts ! — Albert, son jeune et brave ami,
Et Mortemart, et toi, pauvre Laborderie,
Qui te hâtais d'aimer pour jouir de la vie,
Le meilleur de nous tous et le premier parti !

CHAPITRE V

Une faute de tact ou d'étiquette. — Rapports toujours distants avec les Princes. Inconvénients pour eux de l'éducation publique. Avantage des rangs dans une société. *Le Prince citron.* — En 1848, Ledru-Rollin enlève son emploi à Alfred de Musset. Intervention tentée vainement en sa faveur; pourquoi? — Ses scrupules ; lettre à Mme de Girardin. — Utilité de certaines sinécures pour des écrivains distingués. — Alfred de Musset peu assidu est menacé de révocation ; réponse généreuse du ministre, comte Duchatel. — L'Empire restauré ; Napoléon, plus ami de la prose que des vers, a peu encouragé les poètes de son règne; la Monarchie faisait plus pour eux sans grande reconnaissance. Epoque fertile en illustrations. — Alfred retrouve sa place ; très admiré par l'impératrice ; — Lectures à Compiègne. Il écrit le songe d'Auguste. Pourquoi il ne peut célébrer la naissance du Prince Impérial. — Fidèle en amitié ; en donne une marque à Emile Augier. — Une soirée chez Mme de Girardin ; chanson de Becker sur le *libre Rhin Allemand ;* réponse conciliante de Lamartine. Boutade patriotique de Mme de Girardin ; Musset s'en empare et improvise sa réponse : *Le Rhin Allemand.* — Mémoire prodigieuse de Victor Hugo ; conseils qu'il veut donner à Musset ; réponse de celui-ci. — Rigorisme de Victor Hugo en fait de rime. — M. Paul Bourget ; la nouvelle théorie de la rime par les assonances. Séparation prolongée d'Alfred et de Victor Hugo. Rapprochement fêté par un sonnet.

Alfred de Musset, il faut le dire, avait manqué de tact. L'étiquette avec les Princes est d'autant plus délicate quand ils paraissent y renoncer. Sous les apparences de la camaraderie la plus libérale, ils conservent le sentiment de leur rang; ils entendent garder pour eux le privilège de la familiarité et ne souffrent pas qu'elle soit entièrement réciproque. Quand Villeroy montrait au jeune Louis XV du haut d'une fenêtre des Tuileries le peuple rassemblé dans le jardin et lui disait : « Sire, ce peuple vous appartient; tout cela est à vous, » Villeroy disait une sottise et il faussait le sentiment royal. Mais en tout il y a des bornes; l'éducation publique que, dans une pensée libérale, on a voulu donner à des princes, a plus d'inconvénients que d'avantages; ils y contractent des amitiés données par le hasard, et reçoivent de ce milieu des idées toutes faites qui s'accordent souvent fort mal avec la conception qu'un prince doit avoir de son rôle.

La tranquillité des États repose sur la hiérarchie ; les rangs, dans une société, sont une garantie de stabilité ; ils savent d'ailleurs s'entr'ouvrir pour le mérite, ainsi qu'on l'a toujours vu à chaque page de notre ancienne monarchie. Sous d'autres régimes, la porte est trop grande ouverte, et la curée y prend des proportions dangereuses pour le bien public. Quoi qu'il en soit, ceux que leur naissance a marqués pour le rang suprême conservent toujours le sentiment de leur origine. Que si un prince s'abandonnait complètement aux familiarités de son entourage, il perdrait bientôt non seulement son prestige, mais encore toute considération. Tel nous avons vu à Paris, il y a environ quinze ans, un prince royal issu d'une race illustre devenir un jouet pour ses compagnons de plaisir et recevoir d'eux un sobriquet ridicule dont il souffrait, et qui lui est resté même après sa mort. La première condition pour être respecté c'est de se respecter soi-même.

La duchesse d'Orléans avait été choquée de voir dans les vers de Musset un peu trop de camaraderie. Ce ne fut que longtemps après, dit P. de Musset, « qu'une personne « envoyée du château vint transmettre à l'au- « teur quelques mots de politesse très céré- « monieux et très froids ».

La sympathie qui liait Alfred de Musset au duc d'Orléans n'avait aucun caractère politique ; c'était un sentiment absolument personnel. Cependant Ledru-Rollin, en 1848, enleva brusquement à notre poète son modeste emploi de bibliothécaire. L'intervention qu'essaya en sa faveur un homme du parti triomphant se heurta devant une volonté inflexible. Or il faut se rappeler l'intimité politique qui existait alors entre Ledru-Rollin et Mme Sand pour la rédaction du *Bulletin of-*

ficiel de la République. Elle était donc à ce moment toute puissante : ce rapprochement en dit assez. Alfred de Musset supporta sa disgrâce avec philosophie, malgré l'état précaire de ses ressources, et il se serait fait scrupule, dans la crainte de compromettre ses amis placés en dehors du mouvement, d'accepter leurs bons offices. C'est ainsi qu'il écrivait à Mme de Girardin une lettre que nous tenons de l'obligeance de M. Detroyat. « Il
« est vrai, Madame, que je ne suis pas con-
« servé en qualité de conservateur. Mais je
« pense qu'il y aura quelque accommode-
« ment, et je vous demande comme un
« service de n'en rien dire.

« Malgré le vif plaisir que m'a fait votre
« lettre, je ne vous en fais pas de remercî-
« ments. On ne remercie pas une personne
« comme vous de se montrer brave et char-
« mante ; c'est bon pour celles à qui cela ar-
« rive par hasard.

« Compliments respectueux et bien sincè-
« ment dévoués.

« Jeudi 8.

« Alfred de Musset. »

L'accommodement supposé par Alfred n'était qu'une généreuse défaite. A vrai dire, le bibliothécaire du Ministère de l'intérieur avait peu d'occupation ; c'était presque une sinécure, un moyen détourné d'offrir à un écrivain distingué un supplément de 3.000 fr. aux maigres produits de sa plume ; car, dans la carrière littéraire, les profits sont souvent en raison inverse du mérite de l'œuvre. D'autres poètes ont occupé ce poste ; entre autres Prosper Blanchemain, dont les vers délicats et fins ne sont pas assez connus. Alfred de Musset avait été nommé en 1838 par M. de Montalivet. Il était peu assidu au Ministère, s'autorisant de ce qu'il n'avait rien à y faire. On était même obligé d'aller chaque mois lui porter le montant de son traitement. Le chef de division dont il dépendait, choqué de ses longues absences, fit un rapport concluant à sa révocation. Le comte Duchatel, alors ministre, se récria : « Révoquer M. Alfred de Musset! mais « vous n'y pensez pas ; songez, Monsieur, que « nous devons nous trouver honorés de « compter dans notre administration un col- « lègue tel que lui. Arrangez-vous donc pour « aplanir les petites difficultés dont vous « parlez. » C'est ainsi qu'Alfred resta biblio- thécaire sans bibliothèque jusqu'à l'avène- nement de Ledru-Rollin.

Deux ans après, l'Empire restauré mon- trait quelque bienveillance, sans enthou- siasme cependant, pour la littérature. Quand M. Vitet vint, au nom de l'Académie, annon- cer l'élection du poète, le prince se contenta de dire : « J'ai lu les livres de M. Alfred de « Musset. » Et ce fut tout. Napoléon III ai- mait le beau style en prose et y avait lui-même quelque prétention, mais il était peu sensible à la poésie ainsi qu'aux beaux-arts. En cette matière, il se contentait de subir certaines influences, car le souci des affaires publiques l'absorbait entièrement. Sans parler des poètes qui avaient un pied dans la politique et en qui il voyait des adversaires ou des ennemis, on peut remarquer qu'Alfred de Vigny, ancien royaliste, de naissance distinguée, et franchement rallié à l'Empire, désira vainement devenir sénateur; que Méry, si recherché pour son esprit et sa verve méridionale et qui avait fait partie du cercle intime de la reine Hortense, ne fut l'objet d'aucune faveur. Il est certain que la Monarchie s'était toujours plus intéressée aux arts et aux lettres, sans y rencontrer en retour des sentiments bien reconnaissants. Et c'est peut-être pour cela que Napoléon III qui avait lu Platon, tenait les poètes à distance. C'était pourtant une ère glorieuse celle qui pouvait compter : Berryer, Cousin, Villemain, Michelet, Guizot, Thiers, Sainte-Beuve, Lamartine, Hugo, Vigny, Musset, Balzac, Alexandre Dumas, Montalembert, Lacordaire, Ravignan, Dupanloup... La plupart de ces grands talents brillaient sous Napoléon III, mais il ne fit qu'en hériter.

Cependant Alfred de Musset, remis par Fortoul en possession de son modeste emploi de bibliothécaire, mais cette fois au Ministère de l'instruction publique, était traité avec une grande distinction par l'Impératrice qui l'admirait beaucoup et le faisait inviter aux fêtes et réceptions de Compiègne. Dans les premiers temps, on y faisait des lectures dans l'intimité, lectures que l'Empereur écoutait impassible, le regard voilé, avec un air de lassitude et d'ennui. Musset porta à Compiègne le manuscrit d'une de ses dernières poésies : *Le songe d'Auguste*, où Mécène conseille à son maître de chercher une nou-

velle gloire en favorisant le culte des muses. Lors de la naissance du Prince Impérial on fit entendre à notre poète qu'on aimerait à voir célébrer en vers cet événement. Il promit, mais bientôt il s'excusa de ne pouvoir le faire. « Voyez-vous, disait-il à un de ses plus
« éminents confrères, j'ai été tellement atta-
« ché au Prince Royal duc d'Orléans que son
« image vient se présenter à ma pensée
« chaque fois que je prends la plume pour
« chanter le prince qui est appelé maintenant
« à occuper sa place. L'inspiration me fait
« défaut, je sens que je ne ferais rien qui
« soit digne de moi et de la mission qu'on
« veut bien me confier. »

Peu constant en amour, Musset était fidèle en amitié et exempt de rancune. Il aima ses amis jusqu'à son dernier jour. Au mois de mars 1857, il se traîna moribond à l'Académie afin de voter pour Emile Augier à qui il ne manqua qu'une voix et qui fut élu l'année suivante. Par sa déclaration d'indépendance littéraire, Musset s'était mis à dos toute l'école. C'est à cette période que se rattache une anecdote que racontait M. S. Berthoud et dont il avait été témoin.

Une soirée avait lieu chez Mme de Girardin, dans le joli hôtel à colonnes de l'avenue des Champs-Elysées, aujourd'hui disparu, que le comte de Choiseul-Gouffier avait fait bâtir pour y loger ses marbres antiques rapportés de Grèce. Les soirées de Mme de Girardin étaient de vraies fêtes littéraires qui réunissaient toutes les illustrations de la république des lettres. Victor Hugo et Alfred de Musset s'y trouvaient ce soir-là. Mme de Girardin pria Musset de dire quelques vers, ce qu'il fit avec son talent de diction qui en doublait le charme. Il fut comme de raison très applaudi. On vint à parler ensuite de la fameuse chanson de Becker, chant de défi à notre adresse :

« Ils ne l'auront pas,
« Le libre Rhin Allemand,
« Quoiqu'ils le demandent dans leurs cris.
« Comme des corbeaux avides...

Ce chant, mis en musique en 1835, par Frédéric-Guillaume Arnold, s'était répandu rapidement en Allemagne où on le chantait avec enthousiasme. Lamartine avait répondu à cette provocation par des vers admirables où il faisait appel à la fraternité des peuples et les exhortait à se donner la main de l'une à l'autre rive. On récita quelques-uns de ces vers qui furent applaudis comme ils le méritaient. « Oui, sans doute, dit Mme de Girar-
« din, c'est fort beau, ce sont de généreux
« sentiments et les vers sont superbes; mais
« j'aurais voulu qu'on répliquât d'autre façon
« à ces insolences. Nous l'avons eu, votre
« Rhin Allemand; voilà ce qu'il aurait fallu
« leur dire à ces messieurs les tranche-
« montagnes. » Pendant qu'on applaudissait

cette boutade patriotique, Alfred de Musset, s'en inspirant, saisit son calepin et improvisa les deux strophes suivantes :

> Nous l'avons eu, votre Rhin Allemand,
> Il a tenu dans notre verre.
> Un couplet qu'on s'en va chantant,
> Efface-t-il la trace altière
> Du pied de nos chevaux marqué dans votre sang ?
>
> Nous l'avons eu votre Rhin Allemand.
> Son sein porte une plaie ouverte,
> Du jour où Condé triomphant
> A déchiré sa robe verte !
> Où le père a passé, passera bien l'enfant.

Les bravos retentirent de nouveau et l'on demanda au poète de compléter sa chanson. ce qu'il fit en y ajoutant quatre strophes. *Le Rhin Allemand* fut accueilli avec transport par le public français, bien qu'il ne reçût alors qu'une publicité restreinte dans la *Revue de Paris*, succursale de la *Revue des Deux-Mondes*, M. Buloz ayant craint que sa grande Revue ne perdît de ses lecteurs en Allemagne. Du reste, les Allemands ne tarissaient pas en invectives contre la France, et la chanson de Becker était peut-être la moins insultante de toutes ces productions germaniques. Et que de choses lamentables se sont passées depuis !

Mais revenons au récit de M. Berthoud. Quand on se retira de chez Mme de Girardin, Victor Hugo prit le bras d'Alfred, et, avec cette mémoire prodigieuse qu'il possédait, il récita les vers qu'il venait d'entendre ; il voulut ensuite donner des conseils au poète sur des inversions trop hardies et des rimes trop faibles. Musset écoutait ces critiques autoritaires avec une impatience mal contenue. Tout à coup il arrête Victor Hugo :
« Assez, lui dit-il ; vous ne pouvez comprendre
« et sentir ce que je sens et comprends. Sa-
« chez seulement une chose, c'est que dans
« cent ans on dira encore mes vers, alors que
« les vôtres seront peut-être oubliés. »

Que dirait aujourd'hui Victor Hugo, dans

son rigorisme au sujet de la rime, s'il lisait les vers de M. Paul Bourget, qui ne craint pas de faire rimer *l'heure* avec *cœur*, *s'endort* avec *adore*, *paroles* avec *rossignols*, *la vie* avec *ravi*, etc., suivant la théorie nouvelle des assonnances qui s'affranchit des règles admises jusqu'ici pour la rime. Alfred de Musset n'était jamais allé aussi loin. Notre poète cessa de voir Victor Hugo pendant près de dix ans. L'ayant ensuite rencontré par hasard en 1843, ils se tendirent la main, et Musset fit un sonnet sur cette rencontre :

De ces biens passagers que l'on goûte à demi,
Le meilleur qui nous reste est un ancien ami.
On se brouille, on se fuit. — Qu'un hasard nous
[rassemble,
On s'approche, on sourit, la main touche la main,
Et nous nous souvenons que nous marchions ensemble,
Que l'âme est immortelle, et qu'hier c'est demain.

CHAPITRE VI

Liaison avec Rachel. Musset n'aimait pas d'abord la tragédie ni les périphrases qu'elle comporte; ses plaisanteries à ce sujet devant Rachel. — Elle lui fait aimer Racine. Brouille et raccommodement ; joli mot de Rachel. — Sa beauté acquise à force de volonté. Fait observé par Pradier. — Rachel se forme elle-même au ton de la meilleure société. Traitée avec distinction à l'*Abbaye-aux-Bois*; elle a une cour de hauts personnages. Les femmes même la considèrent. — Son esprit incisif et original, son désintéressement relatif. Sa bague aux enchères ; rôles que lui promet Alfred. — Il rend la bague. — Rachel née antique craignait d'altérer la pureté de sa diction. — La *Marseillaise* en 1848. — Son besoin d'applaudissements, changements judicieux qu'elle demande à l'auteur de Médée. — Comment Alfred de Musset plaisait à Rachel; mobilité de physionomie. — Rachel et la duchesse de Berwick. — Alfred se défiait des règles théâtrales ; qualités pouvant y suppléer. — Insuccès de la *Nuit Vénitienne*; incident bizarre qui y contribue. — *Spectacle dans un fauteuil*; ses comédies charment les lecteurs de la Revue, mais sont réputées injouables. Paul de Saint-Victor les jugeait autrement. — Mme Allan ; vers de M. Camille Doucet. Elle crée le *Caprice* à Saint-Pétersbourg. — Lettre de Mme Arnould Plessy sur les comédies de Musset. — Lettres de Mme Sand à Mme Plessy. — Les comédies de Musset, tout en lui offrant des ressources nécessaires, appellent l'attention sur ses poésies.

Il en fut de même pour M{{ll}}e Rachel, avec laquelle, à partir de 1839, il eut des relations tour à tour tendres et orageuses. Elle avait fait une sorte de miracle en lui faisant aimer Racine, car il n'y était guère disposé, et il avait écrit en 1830 à son oncle Desherbiers :
« Je suis loin d'avoir une manière arrêtée.
« J'en changerai probablement plusieurs fois
« encore...; mais cela n'ira pas jusqu'à me
« faire aimer Racine. »

Il l'aima pourtant quand il fut joué par Rachel. Elle voulut alors lui persuader d'écrire pour elle une tragédie, malgré l'antipathie qu'il avait pour ce genre de composition. Musset avait dans sa manière d'écrire une telle justesse, une telle netteté d'expressions qu'on ne saurait trouver dans toutes ses poésies une seule cheville, un seul mot inutile ; il ne pouvait donc aimer beaucoup les périphrases que l'art tragique a coutume d'employer et qui semblent toujours tourner autour de la pensée, au lieu de l'aborder franchement et de face. Il en plaisantait devant Rachel. « Devrons-nous, « disait-il, au lieu de cette simple phrase : « Prends ton épée et tue-le, » devrons-nous « écrire : « Arme ton bras d'un glaive homi- « cide, et tranche le fil de ses jours? » On peut juger comment ces railleries étaient reçues par une jeune prêtresse très convaincue de l'art tragique, à qui d'ailleurs la répartie ne faisait jamais défaut. C'étaient donc entre la tragédienne et le poète des querelles que venait encore envenimer la jalousie de l'amant, et Rachel disait : « Il me fait des scènes et ne me fait pas de rôle. » Après une brouille plus prolongée, ils se rencontrent à souper chez des amis, et elle se montre très gracieuse pour le poète. « Ah! dit Musset, si « vous m'aviez regardé avec ce sourire-là il y « a trois ans, vous sauriez que je ne connais « pas la rancune et notre brouille aurait duré

« vingt-quatre heures. — Que de temps
« perdu ! » répond Rachel.

Elle était à l'apogée de sa gloire. Sa beauté, qui battait son plein, offrait un curieux exemple de ce que peut la volonté pour modifier les traits du visage. Rachel avait commencé par être laide, et même, s'il fallait l'en croire, d'une laideur risible. Elle racontait elle-même son enfance, comme quoi la vue des statues antiques au Louvre lui avait fait sentir le prix de la beauté, comment elle avait résolu de devenir belle, son application constante pendant quinze années à corriger les irrégularités de son visage en profitant des changements que la nature opère sans cesse imperceptiblement sur tous les êtres animés ; réalisant enfin instinctivement ce phénomène observé par notre grand sculpteur Pradier, qu'on devient beau quand on a la préoccupation du beau. De là en effet était sortie une beauté originale et pénétrante, plus expressive que plastique, qui ravissait tout le monde. Ses traits, un peu trop fins pour la scène, gagnaient beaucoup à être vus de près ; sa voix, naturellement un peu rude, devenait quand il convenait, d'une exquise douceur.

La distinction de ses manières et de son langage lui avait gagné la faveur et même l'engouement de la haute société. C'était chose merveilleuse que la souplesse et le tact qui avaient permis à une personne sortie des plus bas rangs, et, dans son enfance si étrangère au monde, de deviner et d'acquérir les manières et le ton de la meilleure compagnie. C'était, comme pour sa beauté, le résultat du travail, de son intelligence et de sa volonté. Si bien qu'il lui arrivait parfois, dans l'intimité de sa bohème, ou même en rentrant dans les coulisses de son théâtre, de se détendre, et de reprendre pour quelques moments, et comme pour se délasser, le langage vulgaire de son enfance. Mais dans le monde sa tenue était irréprochable et son instinct des nuances parfait. Aussi, jamais actrice ne fut traitée par les femmes de la société avec autant de déférence et même d'amitié. Un accueil dont elle pouvait être fière était celui qu'elle recevait à l'*Abbaye-aux-Bois*. Cette célèbre maison était autrefois une communauté religieuse, fondée au XIIe siècle par saint Bernard, abbé de Clairvaux, et dont les dernières abbesses avant la Révolution furent Mmes de Richelieu et de Chabrillan. La communauté, en tant qu'établissement religieux, fut supprimée à la Révolution; l'église est devenue succursale de Saint-Thomas d'Aquin une partie de l'ancien couvent a été occupée par des religieuses de Saint-Augustin dirigeant une maison d'éducation, et le reste par une société de dames réunies sans autre lien que leur volonté, sans autres obligations que l'observance des principales pratiques religieuses. Cette sorte d'association conservait, comme une tradition, une habituelle régularité de vie et une grande dignité de tenue. Mme Récamier y dominait par le prestige de son esprit aimable et de sa beauté légendaire, et à cause des illustrations qu'elle avait su grouper dans son salon à la suite de Chateaubriand. Mme Récamier admirait beaucoup Rachel, et de l'admiration à l'amitié il n'y a qu'un pas. Les jours où la grande tragédienne venait à l'*Abbaye-aux-Bois* étaient des jours de fête. Elle voyait alors parmi ses courtisans les plus empressés : les ducs de Noailles, de Fitz-James, de Guiche, de Richelieu ; le duc Sosthène de Doudeauville parlait d'elle en 1844, dans ses *Esquisses et Portraits*, avec une affectueuse admiration. On citait les mots incisifs de Rachel, le tour rapide et heureux de sa parole, la soudaineté de ses réparties. Et dans la vie ordinaire c'était encore un autre contraste : celle qui venait de faire frémir les spectateurs, l'éclair aux yeux, le geste terrible, redevenait simple, douce et bonne avec ses amis et sa famille. Très généreuse pour son frère et ses sœurs, Rachel usait d'ailleurs de sa fortune sans parcimonie, et elle admettait souvent dans son intimité, sans aucune vue intéressée, ceux qui lui plaisaient.

De ce nombre était Alfred de Musset. Un soir, en 1846, dans un souper dont il était, on admirait une jolie bague que Rachel avait au doigt. « Puisqu'elle vous plaît, dit-elle, je
« la mets aux enchères. » Chacun aussitôt de surenchérir, et la bague en un instant est poussée à 3.000 fr. — « Et vous, mon poète,
« dit-elle à Musset, que me donnez-vous ? —
« Je vous donne mon cœur. — Le bague est
« à vous » dit Rachel en la lui jetant gracieusement. Alfred ne consentit à la prendre qu'à titre de gage pour le rôle que Rachel lui

demandait d'écrire pour elle. Il commença deux pièces à son intention : *Faustine* et *la Servante du Roi*, mais elles ne furent pas achevées ; ils se brouillèrent et Alfred rendit la bague à Rachel qui la reprit sans hésiter. Changeante par imagination, par caractère, Rachel l'était encore par faiblesse, toujours prête à subir l'influence du premier venu. Elle acceptait difficilement des rôles en dehors de son vieux répertoire classique ; elle était née antique, et possédait instinctivement un sentiment juste et profond de la statuaire ; ses poses, ses attitudes, ses gestes s'harmonisaient d'une façon sculpturale ; ses draperies se plissaient avec noblesse sur son corps long, élégant et souple ; sa voix grave, profonde, ménagère d'éclats et de cris, ne faisait pas trembloter et chevroter l'alexandrin avec la sensiblerie moderne. « Elle sentait, dit Théo-
« phile Gautier, avec son tact si profond et si
« sûr, qu'elle n'était pas moderne, et qu'à

« jouer ces rôles offerts de toutes parts, elle
« altérerait les lignes antiques et pures de
« son talent. »

Cependant, en 1848, entraînée par la nécessité des circonstances, elle chanta *la Marseillaise* sur son théâtre, et y mit toute la sauvage énergie que comporte ce chant patriotique devenu un cri de révolte. C'était pour elle un ressouvenir du temps où, pauvre enfant âgée de neuf ans en 1830, elle avait chanté avec sa sœur Sarah *la Parisienne* et *la Marseillaise* sur la place de la Bourse devant quelques chandelles plantées à terre. Quel changement dans sa situation première en 1848 ! Mais *la Marseillaise* devenait en quelque sorte la rançon du Théâtre-Français vis-à-vis des révolutionnaires. Il s'agissait aussi de galvaniser le public accablé sous le poids des événements. Elle s'en est expliquée dans une de ses lettres à Mme de Girardin : » ...Oui, je chantai pour la Comé-

« die... et le public, témoin de mes efforts,
« — je faillis y perdre la voix, — ne se mé-
« prit pas sur mes intentions... » Rachel était
très attachée à la Comédie-Française. Un
moment cependant, en 1849, elle voulut se
retirer parce que l'on reprochait au commis-
saire du Gouvernement de trop la favoriser.
Mais ce fut une fausse sortie, et elle fit bientôt
sa rentrée, car elle disait à Mme de Girardin :
« J'ai besoin d'applaudissements pour vivre. »
Et elle dira encore, mourant à 37 ans, en 1858 :
« Je meurs de ce qui me fait vivre, l'art et
« la passion. » Elle avait pris pour devise :
Tout ou rien, et l'avait mise partout, notamment sur le manche en ivoire sculpté d'un
petit poignard qu'elle affectionnait.

Avant de quitter Rachel, nous citerons un
cas où elle fit preuve d'une rare intelligence.
Comme elle étudiait avec M. Legouvé le
rôle de Médée qu'elle lui avait promis de
jouer, elle remarqua que l'empoisonnement

de Créuse, exécuté sur la scène au troisième acte, lui fournirait une scène très dramatique, mais affaiblirait l'effet du dénouement. « Son-
« gez donc, disait-elle à l'auteur, songez que
« j'ai à tuer mes enfants et que je dois être
« touchante... Vous entendez bien, touchante
« en les tuant! Comment pourrai-je le deve-
« nir, quand, cinq minutes auparavant, j'aurai
« été atroce, perfidement, lâchement meur-
« trière? La vue du meurtre de Créuse rend
« impossible le meurtre des enfants; elle le
« déshonore! Je ne suis plus qu'une égor-
« geuse!... Je ne croirais plus à mes larmes! »
M. Legouvé ajoute : « Je la regardai un mo-
« ment sans répondre, émerveillé, je l'avoue,
« de voir une fille sans éducation arriver
« d'instinct, par naturelle supériorité d'es-
« prit, à la plus profonde critique, et, lui
« prenant la main, je lui dis : Vous avez
« raison; je coupe la scène.—Vous êtes char-
« mant! me dit-elle en me sautant au cou... »

Cependant, le rôle ne plaisait pas encore à Rachel ; après plusieurs mois de débats, elle déclara qu'elle ne le jouerait pas, et se laissa condamner à 6.000 fr. de dommages-intérêts dont bénéficia la société des auteurs dramatiques. La pièce alors fut traduite en italien et jouée par Mme Ristori avec un grand succès.

Rachel avait aimé dans Alfred de Musset ce que bien d'autres aimèrent aussi : sa beauté, sa distinction, sa physionomie spirituelle, moqueuse ou boudeuse, sa démarche rythmée, sa voix vibrante et émue, un art de dire enchanteur. Il intéressait aussi Rachel par le contraste d'une âme triste avec un esprit gai ; il l'amusait souvent par un don d'imitation qu'il possédait, ayant une facilité incroyable à se transfigurer, et à reproduire la figure, l'allure, l'âge et les habitudes du corps de telle personne qu'il voulait représenter ou ridiculiser. Rachel avait elle-même au plus haut degré cette mobilité d'expression. Un matin, elle avait chez elle Alfred de Musset et M. Camille Doucet, alors fort jeune ; elle jouait au bésigue dans la toilette la plus abandonnée en se livrant aux plaisanteries les plus folles, lorsqu'on vient lui annoncer la visite de la duchesse de Berwick : « Diable, dit Rachel, il faut ici élever nos cœurs ! » et aussitôt elle monte sur la table, saute au-dessus de la tête d'Alfred de Musset surpris ; puis, après cette gaminerie, en moins de temps qu'il n'en faut pour le dire, elle rajuste son négligé, transforme en un instant sa physionomie, et va au devant de la duchesse avec le grand air d'une véritable princesse.

Alfred de Musset, pour complaire à Rachel, essaya de se plier au style pompeux de la tragédie, et il écrivit sous le titre : *la Servante du Roi,* quelques scènes de l'histoire de Frédégonde que l'on trouve dans ses œuvres posthumes. Elles n'ajoutent rien à sa gloire; il était visiblement gêné sous cet habit qui n'était pas le sien. Musset reprenait tous ses avantages dans la comédie; il en avait toujours eu le goût. Dès son entrée dans le monde, il avait joué la comédie, notamment chez la duchesse de Castries, avec Mesdames de Contades, de Fitz-James, de Fougainville. C'est là qu'il apportait dans leur primeur : *Le Caprice, Il ne faut jurer de rien, Il faut qu'une porte soit ouverte ou fermée,* tous ces délicieux proverbes qui, pour être la menue monnaie de son génie, n'en ont pas moins contribué autant que ses poésies à rendre son nom populaire. En les écrivant, Musset ne pensait pas les offrir au grand public et ne voulait, comme il l'a dit, que s'amuser lui-même.

Nous lisons dans *Namouna* : « Le théâtre à coup sûr n'était pas mon affaire »; mais cette déclaration avait surtout pour but d'excuser les incohérences de son poème et ses digressions si spirituelles et si amusantes, où l'on croit voir un oiseau sautant légèrement de branche en branche. Musset croyait d'ailleurs très sincèrement que les règles du théâtre exigeaient plus d'ordre et de méthode qu'il ne pouvait en mettre. Il se rendait compte du caprice de son esprit qui aimait par-dessus tout l'imprévu, dans la pratique de la vie comme dans la manière d'écrire. Il se laissait toujours aller au souffle de sa fantaisie, changeant souvent de route et s'écartant de son point de départ ; mais, si le décor variait, la vérité intérieure, essentielle, de ses personnages, celle des sentiments et des caractères, subsistait toute entière, et faisait oublier la règle des trois unités, et d'autres encore professées par Aristote. Quelques-unes de ses pièces ont la liberté d'allure de Shakespeare ; dans d'autres, c'est l'esprit fin d'un Marivaux plus vivant et plus naturel. Alfred de Musset

eût peut-être suivi et continué Molière, si le
sentiment lyrique ne l'eût entraîné dans une
autre voie, car il avait des qualités précieuses
pour la comédie : la verve, la gaieté, la justesse, l'instinct, non des combinaisons, mais
des effets dramatiques. Cependant ses débuts
au théâtre n'avaient pas été heureux. Placé
entre deux écoles rivales, également suspect
à l'une et à l'autre, Musset rencontrait de
grandes préventions dans le public et dans
la presse. Devant une telle disposition d'esprit,
le moindre accident de scène suffisait pour
compromettre le succès d'une pièce ; c'est ce
qui arriva pour *la Nuit Vénitienne* qu'il donnait à l'Odéon en 1830. L'actrice chargée du
principal rôle s'étant appuyée sans y prendre
garde contre un treillage vert trop fraîchement
peint en reçut l'empreinte, et quand elle se
retourna, on vit les barreaux vert marqués
sur une belle robe de satin blanc ; de là un
fou rire qui dura longtemps, et les specta-

teurs déjà prévenus contre la pièce ne voulurent pas en entendre davantage. Après cet insuccès, notre poète renonça aux représentations publiques, mais il écrivit pour la *Revue des Deux-Mondes* des pièces dont les premières eurent le titre significatif de : *Spectacle dans un fauteuil*, et qui furent jouées plus tard, après le succès du *Caprice*. De 1833 à 1837, les comédies et proverbes d'Alfred de Musset avaient été imprimés dans la *Revue des Deux-Mondes* et faisaient les délices des délicats, mais personne ne pressentait la possibilité de les transporter à la scène ; la seule pensée en paraissait ridicule. « Vous figu-
« rez-vous », disait Paul de Saint-Victor après la représentation du *Chandelier*, qui suivit de près *le Caprice*, mais sur un autre théâtre (le Théâtre historique), « vous figurez-vous
« des comédies qui marchent sans ficelles,
« qui vont et viennent, entrent et sortent,
« ouvrent et ferment les portes sans con-

« sulter les règles du damier dramatique ;
« qui vont au cabaret quand elles ont soif,
« dans la rue quand l'envie leur prend de
« flâner ; au jardin, au parc, à l'église, au
« cimetière, quand c'est là que l'infante dont
« elles sont coiffées leur a donné rendez-vous ;
« qui, au besoin, se percheraient sur une
« échelle de soie pour peu que la nuit fut
« belle et que le vent soufflât du côté de
« Vérone. Mais que diraient M. Scribe et les
« autres charpentiers dramatiques ? Les amis
« du poète eux-mêmes redoutaient pour lui
« l'épreuve du théâtre... Ils se disaient que
« les types créés par cette imagination sub-
« tile n'étaient que des ombres charmantes
« destinées à n'avoir de forme, de beauté,
« de figure et de costume que dans le rêve
« qui les a faites et dans celui qu'elles in-
« spirent. » Il vint un jour, cependant, où l'on
découvrit qu'Alfred de Musset, malgré son
indépendance d'allure, était un auteur dra-

matique du premier ordre. Cette découverte est due à la société russe, qui a toujours eu un goût éclairé et sympathique pour l'esprit français. Elle est due surtout à une actrice des plus distinguées, que ce Cosaque ravisseur qui s'appelle Rouble avait importée en Russie, où pendant dix ans elle fit les délices du théâtre de la Cour. M*me* Allan-Despréaux avait reçu de M. Camille Doucet cet hommage :

> Qu'elle pleure ou sourie, à la fois fine et tendre,
> Le parterre s'émeut sous un charme vainqueur,
> C'est Contat qu'il croit voir, c'est Mars qu'il croit
> [entendre,]
> Tant son cœur a d'esprit, et son esprit de cœur.

M*me* Allan, à la fin de son séjour à Saint-Pétersbourg, eut l'heureuse inspiration d'offrir *le Caprice*, cette fleur d'esprit et de sentiment, à la haute société qu'elle allait quitter. Le grand succès de cette tentative engagea notre Comédie-Française à jouer *le Caprice*, dès que la créatrice du rôle principal revint à Paris.

M_me Arnould-Plessy, la grande artiste maintenant retirée du théâtre, écrivait ces jours-ci à M_me de Bury, qui avait interrogé ses souvenirs : « Sans M_me Allan, le public ignorerait
« peut-être que Musset fût un auteur dramati-
« que ; oui, c'est M_me Allan qui, la première, en
« Russie, a joué *le Caprice*, et *la Porte ou-
« verte ou fermée*. Le succès a été consi-
« dérable, et M_me Allan, de retour en France,
« a demandé qu'on mît au théâtre les œuvres
« de Musset. Après M_me Allan, bien d'autres
« ont joué ces rôles charmants, aussi char-
« mants les uns que les autres, et moi j'en ai
« joué quelques-uns avec ravissement.... » On aime à voir une artiste de ce mérite prendre un vif plaisir à interpréter les œuvres d'un grand poète ; c'est le signe d'un sentiment de l'art très sincère. Le cœur de M_me Arnould-Plessy a toujours été au niveau de son talent. On rencontre la trace de ses charités dans la correspondance de M_me Sand, et en

même temps la marque d'une disposition d'âme qui devait la conduire à une vie de renoncement et de bonnes œuvres : « Oui, lui
« écrivait Mme Sand, vous avez raison de
« prendre la paix pour devise et pour idéal.
« Mais ne l'espérons guère en ce monde et
« méritons-la dans l'autre. Vous êtes bonne,
« ma chère Sylvanie, vous courez à ceux qui
« souffrent et pour eux. Vous méritez d'avoir
« sur cette terre plus de bonheur que toute
« autre, et je vous garantis que vous en trou-
« verez au moins dans votre cœur... »

Si l'on devait considérer les œuvres littéraires comme le font les éditeurs, au point de vue commercial, il faudrait reconnaître que le profit est rarement proportionné à la valeur réelle d'un ouvrage. Les délicieux proverbes d'Alfred de Musset ne peuvent avoir que le second rang dans son œuvre; ils furent néanmoins pour lui une ressource précieuse et presque nécessaire. Parus d'abord successivement, ainsi que ses *Nouvelles*, dans la *Revue des Deux-Mondes* qui payait bien ses collaborateurs, ils entrèrent, grâce à Mme Allan, au répertoire de la Comédie-Française. M. Arsène Houssaye les faisait jouer souvent quand il eut, pendant sept ans, la direction de ce théâtre. On peut juger si un spectacle composé d'une tragédie jouée par Rachel et d'une comédie d'Alfred de Musset promettait une belle soirée. Musset recevait chaque fois ses droits d'auteur.

Il y gagna encore autre chose. Que de gens, peu attentifs d'ordinaire au mouvement littéraire et qui considéraient Alfred de Musset comme un rimeur sans importance, reconnurent dans ses proverbes un style si fin, si élégant, si net, et si éloquent parfois, qu'ils voulurent connaître ses poésies et furent émerveillés comme de la découverte d'un grand poète inconnu.

CHAPITRE VII

Influence des traditions alternativement voltairiennes et pieuses. — Aspirations religieuses dans *Rolla*, plus accentuées dans *l'Espoir en Dieu*. — Revue des différents systèmes de philosophie. — Effort sublime pour connaître Dieu. — Vers cités dans une chaire chrétienne. — Ce que peut faire la vue d'un crucifix. — Elévation et respect au Dieu des malheureux. — Livres favoris de Musset en voyage. — Devoirs religieux de ses serviteurs. — La sœur Marceline. — Récit de l'abbé de Mauléon. — Vision des obsèques théâtrales de Victor Hugo. — *La Nuit de mai; la Nuit de décembre; la Nuit d'août; la Nuit d'octobre*. Quelques vers suffisent pour rappeler le reste. — Projet d'une cinquième nuit. — Henri Heine comparé à Alfred de Musset; même mélange de sarcasme et de pathétique avec moins d'élévation. — Heine savoure la politesse française. — Sa réplique au *Rhin Allemand* de Musset. — Rapprochement de leur état de souffrance. — Comparaisons littéraires plus hautes. — Modestie d'Alfred pensant désarmer l'envie. — Ses comédies dans la *Revue des Deux-Mondes*, marchepied pour l'Académie. — Ses obstacles et ses appuis. Mᵐᵉ d'Arbouville; son origine, ses talents; sa laideur et beauté de son âme. — Salons de cette époque, influents sans aucune recherche de luxe. — La duchesse de Castries et sa cour. Musset y joue ses proverbes. — Petits dîners; leurs avantages. — Salon de Mᵐᵉ d'Arbouville. — Appui donné par Mᵐᵉ Ancelot. Mᵐᵉ Mélonie Waldor; salon contre salon.

Tout en admirant ses beaux vers, on voulut savoir quelles étaient ses idées en philosophie et en religion. Or, on se trouvait en présence de contrastes difficiles à concilier. Musset avait été élevé au milieu d'une génération encore empreinte du scepticisme de Voltaire. Le père d'Alfred, adonné aux lettres, s'était fait remarquer, sous le nom de Musset-Pathey, par un ardent panégyrique do J.-J. Rousseau, dont il était grand admirateur ; d'un autre côté, la mère du poète était pieuse. De ces trois sources d'impression première étaient sorties des croyances religieuses incertaines, et une poésie qui flotte entre un matérialisme audacieux et des retours spiritualistes qui témoignent d'une sorte de nostalgie céleste. Le doute même prend chez lui, chose exquise, l'accent de la prière. Dans *Rolla*, au milieu des développements d'une thèse immorale, on rencontre des pensées austères exprimées en vers magnifiques.

Cloîtres silencieux, voûtes des monastères,
C'est vous, sombres caveaux, vous qui savez aimer !
Ce sont vos froides nefs, vos pavés et vos pierres,
Que jamais lèvre en feu n'a baisés sans pâmer.
. . . .
. . . .

Oui, c'est un vaste amour qu'au fond de vos calices
Vous buviez à pleins cœurs, moines mystérieux !
La tête du Sauveur errait sur vos cilices
Lorsque le doux sommeil avait fermé vos yeux ;
Et, quand l'orgue chantait aux rayons de l'aurore,
Dans vos vitraux dorés vous la cherchiez encore.
Vous aimiez ardemment ! Oh ! vous étiez heureux !

(1833).

Ce ne sont encore que des aspirations religieuses, mais elles côtoient de près la croyance. Nous les retrouvons plus accentuées dans *l'Espoir en Dieu* :

Je voudrais m'en tenir à l'antique sagesse,
. . . .
Et regarder le ciel sans m'en inquiéter.
Je ne puis. — Malgré moi l'infini me tourmente.
Je n'y saurais songer sans crainte et sans espoir ;
Et, quoi qu'on en ait dit, ma raison s'épouvante
De ne pas le comprendre et pourtant de le voir.

Le poète parcourt ensuite la longue série des différents systèmes de philosophie, depuis le Persan Manès avec ses deux principes jusqu'au positiviste Kant, et il s'écrie :

. . . .

Ah ! pauvres insensés, misérables cervelles,
Qui de tant de façons avez tout expliqué.
Pour aller jusqu'aux cieux il vous fallait des ailes ;
Vous aviez le désir ; la foi vous a manqué.

. . . .

Eh bien, prions ensemble, — abjurons la misère
De vos calculs d'enfants, de tant de vains travaux.
Maintenant que vos corps sont réduits en poussière,
J'irai m'agenouiller pour vous sur vos tombeaux.
Venez, rhéteurs païens, maîtres de la science,
Chrétiens des temps passés et rêveurs d'aujourd'hui ;
Croyez-moi, la prière est un cri d'espérance !
Pour que Dieu nous réponde, adressons-nous à lui.
Il est juste, il est bon ; sans doute il vous pardonne.
Tous vous avez souffert, le reste est oublié.
Si le ciel est désert, nous n'offensons personne ;
Si quelqu'un nous entend, qu'il nous prenne en pitié !

O toi que nul a pu connaître,
Et n'a renié sans mentir,
Réponds-moi, toi qui m'a fait naître,
Et demain me feras mourir !

. . . .

> Brise cette voûte profonde
> Qui couvre la création :
> Soulève les voiles du monde
> Et montre-toi, Dieu juste et bon ! (1838).

. . . .

En lisant tous ces beaux vers, si profondément religieux, on ne s'étonnera pas qu'un prédicateur éloquent, M. l'abbé Brocard, missionnaire apostolique, les ait cités de la manière la plus heureuse dans un de ses sermons. *La Confession d'un enfant du siècle* est remplie de cris de douleur qu'arrache au poète le sentiment de sa misère morale ; mais la religion lui apparaît au loin comme un phare de lumière. Son âme, blessée dans la lutte du bien et du mal, se partage entre le doute, le découragement et le dégoût qu'il trouve au fond de tous ses plaisirs. C'est alors qu'un accès de folie le conduit — lui ou son héros — jusqu'au bord d'un crime, et qu'il s'arrête en aperce-

vant un petit crucifix d'ébène entre les deux seins blancs de celle qu'il allait sacrifier à une pensée de monstrueux égoïsme : « Sei-
« gneur mon Dieu, dis-je en tremblant, Sei-
« gneur mon Dieu, vous étiez-là ! Que ceux
« qui ne croient pas au Christ lisent cette
« page ; je n'y croyais pas non plus. Ni au
« collège, ni enfant, ni homme, je n'avais
« hanté les églises ; ma religion, si j'en
« avais une, n'avait ni rite ni symbole, et
« je ne croyais qu'à un Dieu sans forme,
« sans culte et sans révélation. Empoisonné
« dès l'adolescence de tous les écrits du der-
« nier siècle, j'y avais sucé de bonne heure
« le lait stérile de l'impiété. L'orgueil hu-
« main, ce dieu de l'égoïste, fermait ma
« bouche à la prière, tandis que mon âme
« effrayée se refugiait dans l'espoir du néant.
« J'étais comme ivre et insensé quand je vis
« le Christ sur le sein de Brigitte, mais, bien
« que n'y croyant pas moi-même, je recu-

« lai, sachant qu'elle y croyait... Quels mi-
« sérables sont les hommes qui ont jamais
« fait une raillerie de ce qui peut sauver un
« être ! Qu'importe le nom, la forme, la
« croyance ? Tout ce qui est bon n'est-il pas
« sacré ? Comment ose-t-on toucher à Dieu ?..
« Je m'avançai de nouveau vers l'alcôve, je
« m'inclinai sur mon idole, et je baisai son
« crucifix. — Dors en paix, lui dis-je, Dieu
« veille sur toi !... Les joies humaines sont
« railleuses, elles dédaignent sans pitié. O
« Christ ! les heureux de ce monde pensent
« n'avoir jamais besoin de toi ; pardonne.
« Quand leur orgueil t'outrage, leurs larmes
« les baptisent tôt ou tard ; plains-les de se
« croire à l'abri des tempêtes et d'avoir be-
« soin, pour venir à toi, des leçons sévères
« du malheur... Nous ne venons que cou-
« ronnés d'épines nous incliner devant ton
« image ; nous ne touchons à tes pieds san-
« glants qu'avec des mains ensanglantées ;

« et tu as souffert le martyre pour être aimé
« des malheureux (1). »

Le sentiment religieux est ici manifeste : il a élevé l'âme et le génie du poète dans un moment où il venait d'exposer avec trop de complaisance des faiblesses peu respectables. En dépit de ses précédents et d'une partie de son entourage, Alfred de Musset était chrétien d'instinct. En voyage, il n'emportait que trois livres : Pascal, La Bruyère et l'Imitation de Jésus-Christ. Mme Martelet, autrefois Mlle Adèle Colin, qu'il eut auprès de lui comme gouvernante pendant les dix dernières années de sa vie, témoigne, avec l'autorité d'un dévouement éprouvé, qu'il s'inquiétait toujours de faire remplir les devoirs religieux par les personnes qui dépendaient de

---

(1) Victor Hugo dans ses *Contemplations* écrivait, *au bas d'un crucifix* :

> Vous qui pleurez, venez à ce Dieu, car il pleure.
> Vous qui souffrez, venez à lui, car il guérit.
> Vous qui tremblez, venez à lui, car il sourit.
> Vous qui passez, venez à lui, car il demeure.

lui, se privant pour cela de leurs services.

Ses croyances personnelles avaient eu quelque peine à se fixer. Ainsi l'on voit son esprit hésitant mais sincère parcourir trois phases successives : il nie, il doute, il croit quand il a souffert. C'est alors qu'il adresse à Dieu ces paroles suppliantes de *l'Espoir en Dieu;* c'est une flamme qui s'échappe de la cendre du scepticisme. Une sœur de Bon-Secours, la sœur Marcelline, qui l'assista à plusieurs reprises dans sa dernière maladie, lui avait inspiré une respectueuse sympathie; il avait avec elle de sages conversations où la piété n'excluait pas l'enjouement. Il la redemanda vers la fin, mais on ne put la lui renvoyer qu'une fois. Alfred de Musset a écrit pour la sœur Marcelline des vers qui n'ont pas été imprimés.

Lorsque vint le dernier moment, l'instant solennel où l'âme s'éclaire d'une vision plus nette de notre destinée, le poète se confessa avant de mourir. Nous avons à cet égard un témoignage irrécusable. Il y a environ dix ans, la conférence Olivain, composée d'anciens élèves des Jésuites, avait pris pour sujet d'une de ses soirées la biographie et l'œuvre d'Alfred de Musset, Quand on vint à parler de la fin de sa vie, on se demanda dans quels sentiments il était mort ? Un très vieux prêtre, l'abbé de Mauléon, se leva, et déclara au milieu de l'émotion générale qu'il pouvait rendre témoignage de la fin chrétienne d'Alfred de Musset, par cette raison péremptoire que c'était lui-même qui l'avait confessé à son lit de mort. Comme on le voit, Musset avait accompli cet acte de foi simplement, sans en faire montre, dans toute la sincérité de sa conscience. Qu'eût-il pensé, lui, si ennemi du bruit et de la foule, s'il avait pu voir la pompe civile et théâtrale des obsèques de Victor Hugo ? On pourrait croire qu'il avait prophétisé cette apothéose dans ces deux strophes d'*Après une lecture*, où, résumant sa propre poétique, il disait ce que devait être un vrai poète : amoureux et rêveur jusqu'à l'hallucination :

> Celui qui ne sait pas, durant les nuits brûlantes
> Qui font pâlir d'amour l'étoile de Vénus,
> Se lever en sursaut, sans raison, les pieds nus,
> Marcher, prier, pleurer des larmes ruisselantes,
> Et devant l'infini joindre des mains tremblantes,
> Le cœur plein de pitié pour les maux inconnus ;
>
> Que celui-là rature et barbouille à son aise ;
> Il peut, tant qu'il voudra, rimer à tour de bras,
> Ravauder l'oripeau qu'on appelle antithèse,
> Et s'en aller ainsi jusqu'au Père-Lachaise,
> Traînant à ses talons tous les sots d'ici-bas,
> Grand homme, si l'on veut, mais poète, non pas.

L'allusion n'est pas douteuse, car le culte acharné de la rime et la manie de l'antithèse désignent bien Victor Hugo, pendant qu'on entrevoit dans un lointain prophétique la grande représentation de ses funérailles. Ces vers furent écrits en novembre 1842, alors que les deux poètes étaient encore espacés sinon brouillés par les questions littéraires. Quelques mois après ils se revirent. comme nous l'avons dit, et se serrèrent la main; mais les strophes étaient imprimées, et il fallut bien que Victor Hugo se contentât d'être nommé grand homme !

Dans ses célèbres *Nuits*, Alfred de Musset n'avait pas le soutien des idées religieuses ; c'est à la poésie pure qu'il demande ses plus belles inspirations. La conception en est neuve et hardie, et n'a d'analogue dans aucune littérature. Dans *la Nuit de Mai*, la Muse apparaît à son poète qui frissonne à son approche ; elle se plaint d'être délaissée :

> Poète, prends ton luth ; c'est moi, ton immortelle,
> Qui t'ai vu cette nuit triste et silencieux,
> Et qui, comme un oiseau que sa couvée appelle,
> Pour pleurer avec toi descends du haut des cieux.
> . . . .

Elle lui propose alors vingt sujets héroïques, gracieux ou pittoresques; ses noirs chagrins n'excuseraient pas son silence.

> Les plus désespérés sont les chants les plus beaux,
> Et j'en sais d'immortels, qui sont de purs sanglots,
> Lorsque le pélican, lassé d'un long voyage,
> Dans les brouillards du soir retourne à ses roseaux,
> Ses petits affamés courent sur le rivage
> En le voyant au loin s'abattre sur les eaux.

. . . .

On serait entraîné à citer en entier ce morceau admirable, où l'on voit les grands poètes, semblables au pélican, tirer de leur cœur déchiré et sanglant les festins poétiques auxquels ils nous convient.

La Nuit de décembre est consacrée à ce personnage mystérieux, vêtu de noir, qui accompagne le poète partout et lui ressemble comme un frère : c'est le spectre de la solitude, qui nous apprend que pour les grands chagrins nous n'avons d'autres consolateurs que nous-même. Ces deux pièces sont de 1835.

L'année suivante, dans *la Nuit d'août*, la Muse reproche au poète d'abandonner la poésie pour la poursuite d'amours éphémères. « Oui, » dit-il « j'aime, et pour un baiser je donne mon génie. »; et il finit par ce vers :

> ... Il faut aimer sans cesse après avoir aimé.

Enfin *la Nuit d'octobre* (en 1837) donne le récit douloureux d'un amour trompé ; il maudit l'infidèle. Mais la Muse l'arrête :

> Le coup dont tu te plains t'a préservé peut-être,
> Enfant ; car c'est par là que ton cœur s'est ouvert.
> L'homme est un apprenti, la douleur est son maître,
> Et nul ne se connaît tant qu'il n'a pas souffert.

Nous nous reprocherions de tronquer ainsi nos citations, si nous ne nous adressions principalement aux admirateurs du poète qui le savent ou l'ont su par cœur, et pour qui le moindre fragment cité fait aussitôt résonner dans leur mémoire des harmonies inoubliables. Que si de nouveaux lecteurs veulent en connaître davantage et qu'ils prennent en main le recueil de ses poésies, ils ne les quitteront plus. *Les Nuits* surtout vous saisissent par le cœur, par l'esprit et par la plus mélodieuse sonorité ; la beauté du langage vous entraîne, l'émotion vous gagne et vous ne tardez pas à partager avec le poète la douleur ou la joie qu'il a si vivement exprimées.

Musset voulait écrire une cinquième nuit ; il l'avait nommée *la Nuit de juin* et comptait en bannir la tristesse et ne chanter que la gaieté et l'amour. Il commençait ainsi :

> Muse, quand le blé pousse, il faut être joyeux.
> Regarde ces coteaux et leur blonde parure :
> Quelle douce clarté dans l'immense nature !
> Tout ce qui vit ce soir doit se sentir heureux.

Malheureusement, comme il achevait ces quatre vers, un ami vint l'entraîner dans une partie nocturne, et cette nuit de plaisir lui fit oublier la nuit poétique qui ne fut jamais continuée.

Un biographe de Henri Heine a essayé de
le comparer à Alfred de Musset ; il signale
dans les œuvres du poète allemand « une légè-
« reté pleine de grâce, une profondeur pleine
« de larmes qui s'y joignaient à des traits de
« satire dignes d'Aristophane et à des bouf-
« fonneries dignes de Rabelais ». C'est par ce
mélange de sarcasme et de pathétique, d'esprit et de sentiment, que les deux poètes se
ressembleraient ; mais Alfred de Musset, dans
ses élans vers l'idéal, est certainement incomparable. L'Ecole romantique avait laissé
voir le faible de sa cuirasse, en proclamant
une révolution dans la forme sans s'inquiéter de l'idéal, et c'est pourquoi Musset avait
quitté l'Ecole. Quant à l'esprit, Henri Heine
en avait autant que personne, moins délicat
cependant qu'original. Il était venu se fixer
à Paris, en 1831, fatigué, disait-il de la gros-
sièreté allemande. Il s'extasiait sur la politesse
française, — il y a de cela 58 ans ! — et s'é-

criait : « O parfum de politesse ! » Il avouait même que, dans les premiers temps de son séjour, se promenant sur les boulevards, il se plaisait à se faire heurter plusieurs fois par les passants, afin de *savourer la musique des excuses !* Il écrivait alors des railleries à l'adresse de ses compatriotes qu'il appelait *mangeurs de Français ;* — cela n'a pas changé. — Mais quand Becker fit sa fameuse chanson, *le Rhin allemand,* et qu'Alfred de Musset lui répondit : « Nous l'avons eu, votre Rhin allemand ! » Heine redevint patriote allemand et écrivit : « Ne crains rien,
« notre père Rhin ! Les Français sont devenus
« graves ; ils font de la philosophie et parlent
« maintenant de Kant, de Fichte et de Hégel ;
« ils fument du tabac ; ils boivent de la bière,
« et quelques-uns même jouent aux quilles.
« Alfred de Musset est encore, il est vrai, un
« gamin des rues (*sic*) ; mais ne crains rien,
« nous lierons son infâme langue railleuse.

« Et s'il te tambourine quelque mauvaise
« plaisanterie, nous lui en sifflerons une pire ;
« nous lui sifflerons ce qui lui est arrivé chez
« les jolies femmes. »

Un autre point de rapprochement entre les deux poètes serait leur fin lamentable : l'un paralysé pendant huit ans, sans rien perdre de la vivacité de son esprit au milieu de vives souffrances ; l'autre frappé au cœur, épuisé par de fréquentes et maladroites saignées, soutenu à peine par des excitants dangereux, et traînant pendant quatre ans une existence inerte et stérile. Dans cette crise finale et douloureuse, la supériorité stoïque paraît être du côté de Heine. Mais, s'il s'agit des œuvres, nous chercherons ailleurs et plus haut les analogies ; et nous dirons qu'on retrouve dans Alfred de Musset la rêverie de Goëthe, la puissance d'évocation de Shakespeare, l'imagination hardie de lord Byron, la spontanéité vive et élégante du génie français, et, ce qui domine souvent, l'action passionnée de l'âme humaine. Musset dirait peut-être que nous le grandissons trop ; n'avait-il pas écrit en 1840 :

> Mes premiers vers sont d'un enfant,
> Les seconds d'un adolescent,
> Les derniers à peine d'un homme,

Ces paroles si modestes avaient peut-être pour but de désarmer la critique et de calmer les envieux. Telles sont les phrases d'usage dans les relations mondaines et qu'on ne prend jamais au pied de la lettre.

Feu Barbey d'Aurevilly, dans des pages encore inédites et qui nous ont été communiquées par M. Charles Buet, compare judicieusement Alfred de Musset à lord Byron : « Alfred de Musset, bien moins orgueilleux « que Byron, bien plus rêveur et bien plus « tendre, exhale son histoire avec ses sou- « pirs, et, quand il a chanté, toute son his- « toire est finie... L'extraordinaire poésie

« qui était en lui s'était éveillée dès l'en-
« fance. A l'âge où Byron écrivait ses *Heu-*
« *res de loisir*, si justement sifflées par la
« *Revue d'Edimbourg*, Alfred de Musset
« débutait par les *Contes d'Espagne et d'Ita-*
« *lie*, d'une couleur inconnue et immortelle
« qui étonna le Romantisme, lequel pourtant
« ne s'étonnait de rien. Ce fut pour avoir
« écrit un peu plus tard *Namouna*, *Rolla*,
« *Mardoche*, qu'on l'accusa d'imiter Byron...
« Fatalement l'atmosphère du temps satu-
« rée, byronienne, dut pénétrer jusqu'au fond
« de cette jeune poitrine. Mais, quoiqu'il en
« ait été, du reste, ce qui est certain, c'est
« que plus il chanta, plus Alfred de Musset
« perdit l'accent byronien, et plus il fut lui-
« même dans une *genuiness* incomparable.
« Jamais en effet, l'amer, le sauvage, le
« strident Byron n'eut, même dans ses œu-
« vres qui *voulaient* être tendres, comme par
« exemple *Parisina* et la *Fiancée d'Abydos*,

« la tendresse, la pureté, la mélancolie au
« divin sourire, d'Alfred de Musset ; jamais
« Byron n'eut de ces touches mouillées, de
« de ces rosées d'éther... Byron rugit tou-
« jours un peu, quand il roucoule ; il veloute
« ses rugissements, mais c'est toujours
« le lion amoureux... Le caractère du génie
« de Byron, c'est la fierté — fierté incoer-
« cible. Le caractère du génie de Musset,
« c'est, au contraire, la tendresse — la ten-
« dresse jusqu'au fond de la passion la plus
« ardente et plus forte qu'elle, car elle la
« fond toujours, cette passion, dans une der-
« nière larme... » En dépit des trois vers si
modestes que nous avons cités, Alfred de
Musset ne pouvait douter de son génie ; mais
son légitime orgueil était calme, nullement
bruyant, et n'avait jamais recours aux ré-
clames et aux agences de célébrité que l'on
a coutume d'employer aujourd'hui. Il n'aimait pas qu'on lui parlât de ses œuvres, et,

quand cela arrivait, il détournait la conversation. Une de ses amies le conduisit un soir au Théâtre-Français, où il n'était pas allé depuis longtemps. On donnait *le Caprice;* il lui fallut quelque temps pour reconnaître « qu'il avait écrit *cela* autrefois » !

De 1833 à 1838, la *Revue des Deux-Mondes* donna d'Alfred de Musset dix comédies ou proverbes, et sept nouvelles, et, après un long intervalle, en 1851, deux autres proverbes ; mais ses poésies furent publiées ailleurs. Cette Revue si habilement dirigée servait ses lecteurs suivant leur goût ; on la considérait alors comme un marchepied pour l'Académie.

Ce ne fut pourtant qu'en 1852 que notre poète pénétra dans l'auguste sanctuaire. Cela n'allait pas tout seul : car on faisait valoir contre lui, d'une part, ses premiers écarts poétiques et ses irrévérences à l'égard des règles ; d'autre part, des habitudes d'in-

tempérance qui, pour être la conséquence de
ses chagrins, n'en compromettaient pas moins
cette dignité de la vie à laquelle l'Académie
attache justement une grande importance.
De plus, l'indolence de Musset et sa fierté se
pliaient difficilement aux démarches qui
sont d'usage pour les candidats. En cela il
fut heureusement secondé par le général et
Mᵐᵉ d'Arbouville, avec lesquels il avait des
relations d'amitié. Mᵐᵉ d'Arbouville tenait
aux lettres par sa naissance et par tradition,
sa mère, la baronne de Bazancourt, étant fille
de la célèbre Sophie comtesse d'Houdetot,
qui a laissé un si aimable souvenir dans
l'histoire de la société lettrée de la fin du
siècle dernier. De cette origine elle avait
reçu le goût des plaisirs de l'esprit et l'habitude d'écrire pour occuper ses loisirs, mais
sans prétendre à des succès qui vinrent la
trouver à l'occasion d'œuvres de bienfaisance.
On a retenu d'elle et récité souvent une

petite pièce de vers qui a pour titre : « *Ne m'aimez pas !* » et cependant tout le monde l'aimait tant elle était bonne. C'était une belle âme captive dans une douloureuse prison; sa santé l'avait faite laide; sa laideur la rendait mélancolique et sa mélancolie la rendait attrayante. Malgré la médiocrité de sa fortune, Mme d'Arbouville avait un *salon*; mais dans cet heureux temps de sociabilité ce mot n'impliquait aucun luxe, aucune recherche d'élégance ; c'était simplement une maison où tous les jours, à une certaine heure, des hommes distingués prenaient l'habitude de se retrouver sans autre attrait que celui de la conversation. On citait les salons : de Mme Récamier, la première en date; de la comtesse de Castellane, c'est-à-dire une atmosphère d'esprit, de grâce et de bonté; de la duchesse de Rauzan, où présidait le souvenir de sa mère, duchesse de Duras, qui avait cultivé les lettres ; de la princesse de Liéven,

cercle de la haute diplomatie ; de la vicomtesse
de Virieu, dont l'esprit suffisait à embellir
son modeste intérieur ; de Mme de Circourt, qui
était avec son mari une bibliothèque vivante.

Le salon qu'Alfred de Musset aimait le
mieux était celui de la duchesse de Castries,
près de laquelle il trouva jusqu'à la fin la
plus douce sympathie. Jeune encore, foudroyée par une cruelle paralysie, elle
vivait retirée du monde, où elle avait
brillé par son élégance, sa suprême distinction et le charme de son esprit. Chaque
jeudi, loin des bruits de la rue, dans un rez-de-chaussée entouré de jardins silencieux,
des amis fidèles se réunissaient autour de son
fauteuil. C'étaient : le duc et le comte de
Maillé, ses frères; le duc, le comte et la comtesse Ch. de Fitz-James ; le prince Richard
de Metternich, alors jeune secrétaire d'ambassade, grand musicien, compositeur agréable, qui a publié récemment les mémoires

de son illustre père; le marquis de Sainte-Maure, la marquise de Contades, le marquis de Bryas, la vicomtesse de Fougainville ; et en même temps, sur le pied de la plus entière cordialité, Balzac, Alexandre Dumas, les deux Musset, Sainte-Beuve, Philarète Chasles, Ponsard. Alfred de Musset, qui était considéré comme l'enfant de la maison, cédait volontiers la parole à son frère aîné, Paul de Musset, car il aimait à le faire briller. Paul, esprit anecdotique, possédait le xviiie siècle comme s'il y avait vécu. On le mettait sur un personnage, sur une époque, et il vous en donnait la vision. Balzac était intarissable sur ses récits de la Pologne et de la grande dame polonaise, dont il faisait toujours une héroïne de roman. Il y avait un grand charme de simplicité dans ces réunions. On y recherchait les jouissances de l'esprit avec le besoin réciproque d'intimité, de communs souvenirs, d'échange de pensées ingénieuses,

s'efforçant de se plaire, de se conquérir
mutuellement. Alfred s'y montrait gai, enfant,
plein de bon vouloir, expansif, rieur. Tout
l'amusait, un nom estropié, une figure drôle,
une question oiseuse, mille folies, cherchant
à se rendre agréable et à distraire la duchesse
de Castries, si souffrante qu'elle aspirait à la
délivrance de ses maux dans l'espoir d'une
autre vie plus clémente. On devisait, on
refaisait l'histoire, en s'arrêtant sur les belles
figures historiques ou sur les originaux des
temps passés. Alfred de Musset apportait
ses comédies alors inédites, notamment *le
Caprice*, et distribuait les rôles un peu au
hasard entre les femmes présentes. Comme
il arrive toujours dans ces représentations
d'amateurs, personne n'était content de son
rôle et l'on demandait à changer de personnage ; mais Musset était très autoritaire et
très minutieux. Il fallait faire ce qu'il voulait
et ne pas s'insurger. Néanmoins, malgré ces

tiraillements, la représentation eut lieu et réussit parfaitement. On ne prévoyait pas, cependant, que tous ces charmants proverbes de Musset passeraient au rang de chefs-d'œuvre à la Comédie-Française. On n'avait pas alors cette manie moderne de rechercher une célébrité du jour pour donner à une soirée un éclat éphémère et en tirer une satisfaction de vanité. Les dîners du jeudi chez la duchesse de Castries ne comptaient que 6 à 8 convives; c'étaient des tournois d'esprit où chacun prenait part, mais où brillait surtout d'un éclat incomparable la marquise de Contades. Pendant que son regard dardait autour d'elle comme un jet électrique, sa parole colorée prenait un ascendant irrésistible; mais elle aimait qu'on lui donnât la réplique. La duchesse intervenait discrètement dans le débat, comme il convient à la présidente d'un salon, semblable à un roi constitutionnel qui, suivant la fameuse formule de M. Thiers, « règne et ne gouverne pas ».

Les salons où l'on savait causer en dehors de la politique et des banalités mondaines, où écouter même était un grand charme, ont presque tous disparu, ainsi que la plupart de leurs habitués. Ceux qui restent aiment encore à en évoquer l'agréable souvenir et à revivre dans le passé; car on peut dire de ces honnêtes jouissances de l'esprit ce que le poète a dit des passions de l'âme :

> Un souvenir heureux est peut-être sur terre
> Plus vrai que le bonheur.

Ces dîners de la duchesse de Castries, conformes au vieux dicton, « pas moins que les Grâces, pas plus que les Muses », pourraient servir d'exemple à l'appui d'une réaction qui va peut-être se produire dans nos habitudes et dont le prince de Galles a donné le signal. Le luxe de la table avait pris des proportions telles qu'il devenait ruineux pour les amphitryons et inabordable pour les fortunes modestes. Il ne suffisait plus d'offrir à ses hôtes ce qui constitue la bonne chère. La multiplicité des plats, la profusion des vins de toute provenance et de toute couleur, l'élégance du service, l'éclat des lumières, la richesse des cristaux, des surtouts, de l'argenterie et des fleurs, le tout ensemble comportait naturellement un grand nombre d'invités. C'étaient de vraies fêtes qui ne pouvaient pas être renouvelées très souvent, mais que l'on citait, ce qui flattait la vanité non seulement du maître de la maison, mais de tous ceux qui avaient assisté au festin et qui en parlaient volontiers. On commence aujourd'hui à s'apercevoir que ces grands dîners ne peuvent guère être servis chauds et que l'étendue de la table rend impossible toute conversation générale, en sorte qu'il n'y a de satisfaction ni pour le gastronome

ni pour le causeur. Le D⁰ Trousseau disait
à la princesse Lubomirska : « Tâchez de rire
en mangeant et de faire rire ; c'est une visite
de médecin de moins. » Le prince de Galles,
s'inspirant peut-être des conseils de l'hy-
giène, déclarait dernièrement qu'à la pro-
chaine saison de Londres il demanderait que
les dîners soient moins longs, moins surchar-
gés en tout genre, et qu'un très petit nombre
de plats et trois sortes de vins choisis suffi-
raient, sans émousser le palais des convives
ni alourdir leur esprit. Le feu duc de Galliera
avait prévenu son maître d'hôtel qu'il le
renverrait si le dîner durait plus d'une heure.
Réduits à ces proportions, les dîners per-
mettent plus facilement la réciprocité et par
conséquent les occasions de réunir ses amis.

Le salon de Mme d'Arbouville, dans son petit entresol de la place Vendôme, n'était pas
le moins recherché. On comptait parmi ses
visiteurs les plus assidus : le duc de Noail-

les, Berryer, le comte de Salvandy, le comte Molé et le baron de Barante, tous deux cousins de la maîtresse de la maison, le général Changarnier, grand ami du général Arbouville, qui appartenait comme lui à ce brillant groupe d'officiers qu'on appelait les *Africains;* à leur suite le frère de Mme d'Arbouville, le baron de Bazancourt, écrivain militaire qui a donné un intéressant récit de la campagne de Crimée, puis Sainte-Beuve conduisant le chœur des hommes de lettres qui aimaient ce salon parce qu'ils y étaient aimés.

Tout cet entourage donnait à Mme d'Arbouville une grande influence dans le monde des lettres. Une vacance s'étant produite à l'Académie Française par la mort de Dupaty, elle prit en mains la candidature de l'auteur des *Nuits* et la patronna avec tant de zèle qu'on disait en plaisantant : « C'est Mme d'Arbouville qui fait les visites d'Alfred de Musset. » Une autre femme également distinguée par ses talents et son esprit, Mme Ancelot, joignit ses efforts à ceux de Mme d'Arbouville et contribua à la victoire de Musset. Ce fut le dernier triomphe du poète, car ce qu'il écrivit depuis ne compte guère.

Il n'était pas ingrat, et il eut occasion de montrer sa reconnaissance à l'une de ses protectrices. Mme Virginie Ancelot avait une ennemie : c'était, comme il arrive souvent, une personne à qui elle avait rendu service. Mme Mélanie Waldor, auteur de romans entremêlés de poésies, avait été accueillie dans son salon, patronnée et choyée lors de ses débuts ; elle y avait acquis une certaine célébrité et rencontré des amitiés qu'elle voulut s'approprier, renouvelant dans des conditions à peu près semblables l'antagonisme de Mlle de l'Espinasse envers la marquise du Deffand. Pour mieux réussir dans ses embauchages, elle s'était logée en face de Mme Ancelot ; de là elle surveillait les habitués de ce salon et les détournait à son profit tant qu'elle pouvait. Elle ne tarissait pas en épigrammes sur M. et Mme Ancelot. Alfred de Musset releva le gant et fit sur Mme Waldor « des vers terribles et superbes » au dire de M. Alphonse Daudet, qui ne figurent pas dans ses œuvres imprimées.

CHAPITRE VIII

Aventure d'un chien de rencontre; à quoi tient un succès académique. — Séance de réception de Musset à l'Académie; affluence considérable; lutte courtoise entre les deux Ecoles. Musset s'excuse des exagérations de ses premiers ouvrages, sans renier ses maîtres. — M. Nisard, champion autorisé des doctrines classiques. — Eloge de Dupaty; défense ingénieuse de l'opéra comique. — Alfred de Musset aurait pu être un grand critique; il refuse de s'engager. — Détour qu'on emploie pour le forcer d'écrire. — Il se passionne pour les étoiles. — Son admiration pour Mme Malibran; elle meurt des suites d'une chute de cheval; Musset change et poétise sa mort, mais dépeint son talent avec vérité. — Vers qu'il disait avec emportement comme un cri de révolte contre le sort, écho du sentiment des contemporains. — Après la Malibran, sa sœur Pauline. — Merveilles du phonographe. — Musset refuse d'écrire sur la politique, dont il se moque. — Il fait pour la Revue le *Salon de 1836*; c'est le genre de Diderot avec une main plus légère; son penchant à l'indulgence. — Plaire à la foule et aux connaisseurs. — Boutade de David sur l'impuissance de la peinture. — Tableau de Charlet : *la Retraite de Russie*. Tableau de Léopold Robert : *les Pêcheurs*. Suicide de ce peintre.

Une aventure singulière qu'Alfred aimait à raconter avait failli compromettre sa candidature. Dans sa tournée de visites réglementaires, il va voir un jour le comte de Sainte-Aulaire au château d'Etioles, près Corbeil. Comme il arrivait à la grille, un chien crotté, le poil hérissé, entre derrière lui, pénètre à sa suite dans le château sans qu'il y prenne garde, le suit dans le salon où il se tient d'abord timidement à l'écart. Le comte arrive, reçoit le poète avec la grâce affable d'un seigneur d'autrefois, et, après une spirituelle et aimable causerie, lui demande « de lui faire ainsi qu'à sa famille le « plaisir de rester à dîner ». Ce qu'entendant le chien, et comme s'il eut compris ce que ce mot de *dîner* renfermait de promesses, il relève l'oreille, agite la queue, signe de contentement comme on sait de la race canine, et s'en vient faire le beau et flatter le maître de ce logis hospitalier. Le comte, persuadé que cet affreux chien appartient à son hôte, lui fait, à regret, une petite caresse;

mais il se disait : « Il faut avouer que les
« poètes ont de vilains compagnons ; » et le
poète, de son côté, s'étonnait de voir un pareil chien dans une maison si bien ordonnée.
L'animal, enhardi par cet accueil, se met à
son aise, se vautre sur les meubles, et bientôt il suit la compagnie dans la salle à manger, où il se livre aux plus indiscrètes demandes, qu'il couronne en dérobant le rôti qu'il
emporte pour le dévorer. « Voilà un chien
« de bon appétit, » fait doucement M. de Sainte-Aulaire. Alfred de Musset comprend alors le
quiproquo dont il est victime, et il s'écrie :
« Monsieur le comte, et vous, Madame, sa-
« chez que je ne connais pas le moins du
« monde cet affreux animal... Et moi, stu-
« pide, qui le croyais de la maison ! » La contrainte que la compagnie avait eu peine à dissimuler se dissipa aussitôt et fit place à une
vive hilarité. A ce moment le chien reparaissait repu et triomphant ; inutile de dire qu'il

fût châtié et chassé comme le méritait son effronterie.

A quoi tient cependant le succès, même à l'Académie ! Le moindre incident fortuit peut le détourner de sa route. Si, dans la visite d'Etioles, on ne s'était pas expliqué, Alfred de Musset, grâce à ce chien de rencontre, passait aux yeux de ceux qui ne le connaissaient pas pour un homme dépourvu de savoir-vivre, et peut-être n'eût-il pas été élu !

La séance de réception offrait un attrait particulier par la rencontre en champ clos de deux hommes d'esprit, champions de deux camps opposés, et représentant d'un côté la verve indépendante et hardie, de l'autre la règle sévère et les traditions classiques dont M. Nisard était le gardien vigilant. En prévision de ce brillant tournoi, la grande salle de l'Institut s'était remplie jusqu'au comble. Les membres des autres académies étaient venus en si grand nombre que les bancs réservés pour eux furent insuffisants. Les femmes y dominaient comme toujours, plus même qu'à l'ordinaire, car il s'agissait de leur poète favori ! M. Nisard prit place comme directeur entre MM. Villemain et de Montalembert et donna la parole au nouvel académicien.

Après avoir raconté avec beaucoup de simplicité et de grâce la vie de son prédécesseur Dupaty, Alfred de Musset fit en quelques phrases charmantes sa profession de foi littéraire, rappelant avec délicatesse ses débuts dans ce qu'on avait appelé l'École romantique, déclarant que s'il s'en est écarté plus tard, il n'entendait pas renier ses anciens maîtres restés ses amis, « ne s'étant « jamais brouillé qu'avec lui-même »; qu'il avait seulement revendiqué le droit d'aimer ce qui est aimable et qu'il ne croit pas d'autre part que sa maturité soit solidaire des erreurs ou des exagérations de son enfance.

M. Nisard dans sa réponse crut devoir indiquer les défauts qu'à son point de vue il reprochait au poète et il le fit avec une franchise un peu rude, à peine adoucie par les compliments obligés, comme s'il eut craint les conséquences que pouvait avoir l'entrée à l'Académie d'un hérétique littéraire à peine converti. C'était son rôle de le dire et l'on ne s'en étonna pas.

Les principaux ouvrages de Dupaty étant des opéras comiques, Musset avait été amené à dire quelques mots de ce genre, auquel on reproche de choquer la vraisemblance, bien que, en réalité, toutes les autres formes théâtrales reposent également sur la convention et exigent la même complaisance de la part du public. Notre poète est loin de condamner ou de dédaigner ce genre gracieux que l'on considère comme éminemment français ; il en donne même une théorie ingénieuse... « Tant que l'acteur parle, « l'action marche, ou du moins peut marcher ; mais dès qu'il chante, il est clair « qu'elle s'arrête. » Les personnages alors ne comptent plus : « C'est la colère, c'est la « prière, c'est l'amour que nous voyons et « que nous entendons..., la mélodie s'empa-« re du sentiment, elle l'isole ; elle en tire « l'accent suprême, jusqu'à ce que la Muse « s'envole et rende à l'action passagère la « place qu'elle a semée de fleurs. »

Par ses aptitudes variées et son admirable bon sens, Musset possédait les qualités maîtresses qui font les grands critiques. La *Revue des Deux-Mondes* aurait voulu qu'il écrivît régulièrement de tels articles, mais il ne pouvait s'assujettir à cette contrainte. M. Buloz alors employa un détour pour le forcer à produire. Il lui payait plus que son compte, et l'excédent devait être remboursé en prose ou en vers à époques déterminées, en sorte que Musset, lié d'honneur par sa promesse, était forcé de s'exécuter. Il écrivit deux articles pour les débuts de Mlle Rachel et, l'année suivante, deux autres pour les débuts de Pauline Garcia, devenue plus tard Mme Viardot. Elles étaient alors deux étoiles naissantes et notre poète adorait les étoiles. Ce n'était pas par vanité, mais par besoin d'admirer. Mme Malibran, pendant le peu de temps qu'il put l'entendre, lui avait inspiré un enthousiasme qui respire dans les belles stances qu'il lui a dédiées. Il était allé lui dire adieu au moment où elle s'embarquait pour l'Angleterre et il avait prédit que ce serait son tombeau. Ce pressentiment n'était fondé sur rien, car la santé de Mme Malibran était alors excellente ; et, sur le bruit — qu'on répand si volontiers pour les grands chanteurs — qu'elle avait perdu la voix, le violoniste Ch. de Bériot, son second mari,

écrivait ironiquement : « Avec ce qui lui en
« reste, elle excite l'enthousiasme des Luc-
« quois ; la scène n'est qu'un champ de lau-
« riers et de fleurs. On escorte sa voiture
« aux flambeaux... » Malheureusement, arrivée à Londres à la fin d'avril 1836, elle fit
une chute de cheval et fut traînée sanglante.
Le cerveau en reçut une atteinte, et, malgré
sa grande énergie, le mal l'emporta cinq mois
après. Alfred de Musset a poétisé la mort de
Mme Malibran, en l'attribuant uniquement au
feu qui consumait son âme. Que de beaux
vers nous aurions perdus à la simple vérité !
Mais on peut les relire en toute confiance,
car, la mort exceptée, tout ce que le poète dit
de la Malibran est vrai et exprime admirablement le caractère original et spontané de
son talent. Mme Ernst rapporte que Musset, en
récitant ces stances, quittait le ton élégiaque
et s'animait tellement qu'il s'écriait avec une
sorte de rugissement :

> Ah ! qui donc frappe ainsi dans la mère nature ?
> Et quel faucheur aveugle, affamé de pâture,
> Sur les meilleurs de nous ose porter la main ?

Et sa voix tonnante et vibrante faisait frissonner ; il semblait grandi, transfiguré : c'était comme un dieu qui passait dans ce souffle embrasé. Ce cri de révolte contre le sort n'exagérait pas sa pensée, qui répondait au sentiment public ; l'enthousiasme des contemporains pour Mme Malibran dépassait tout ce qu'on peut imaginer ; nul ne pouvait résister à l'entraînement de son chant expressif et pathétique. Quel était son secret ? Celui des grands artistes : elle aimait son art, elle l'aimait avec passion ; et Musset termine ainsi ce suprême adieu :

> Ce que l'homme ici-bas appelle le génie,
> C'est le besoin d'aimer ; hors de là tout est vain.
> Et, puisque tôt ou tard l'amour humain s'oublie,
> Il est d'une grande âme et d'un heureux destin
> D'expirer comme toi pour un amour divin.

Trois ans après cette mort, en 1839, Alfred retrouva dans la sœur de la grande

cantatrice des talents qui pouvaient rappeler son génie. Aujourd'hui, grâce au phonographe, la gloire éphémère d'un acteur, d'un chanteur, d'un orateur même, pourrait être conservée, non plus par un reflet, une comparaison, une froide analyse, mais par la reproduction de la voix même. Comme on serait heureux de pouvoir entendre ainsi la voix d'un Berryer, d'une Malibran, avec leurs accents inspirés qui passionnaient leurs contemporains. Cette étonnante découverte avait été pressentie il y a 42 ans par Théophile Gautier. C'était du moins un vœu qu'il exprimait ; mais en parlant de la Malibran, il ajoutait : « Elle vivra : le cœur d'un poète
« a fait ce miracle en sa faveur ; les vers
« immortels d'Alfred de Musset ont retenu et
« fixé les chants sublimes de Rosine et de
« Desdemone. »

Musset refusa d'écrire sur la politique, chose qu'il avait en horreur ! Lamartine le lui a reproché, mais nous ne pouvons guère, quant à nous, le blâmer ; il a d'ailleurs laissé voir son mépris pour les rhéteurs et agitateurs quand il dit au peuple :

> Laisse-les étaler leurs froides comédies,
> Et, les deux bras croisés, te prêcher l'action ;
> Leur seule vérité, c'est leur ambition.

En revanche, ce fut avec plaisir qu'Alfred accepta de faire pour la *Revue,* en 1836, le compte rendu de l'exposition de peinture, car ce sujet répondait à son goût très prononcé pour les arts. La forme de sa critique est vive et légère et rappelle les Salons de Diderot, moins la trivialité. Il en différait aussi par une disposition naturelle à l'indulgence, n'enviant personne, vivant en dehors des querelles d'écoles et ne cherchant que la gloire du poète. Aussi parle-t-il des artistes avec modération, ne demandant qu'à louer, et aimant mieux ne pas parler des œuvres médiocres que de les écraser d'un coup de massue, comme faisait Diderot.

On remarque dans son *Salon* des idées qui pouvaient s'appliquer à la littérature comme aux arts, et qu'il a lui-même mises en pratique. « Je crois, dit-il, qu'une œuvre d'art,
« quelle qu'elle soit, vit à deux conditions : la
« première de plaire à la foule, et la seconde
« de plaire aux connaisseurs. Dans toute
« production qui atteint l'un de ces deux buts,
« il y a un talent incontestable, à mon avis.
« Mais le vrai talent, seul durable, doit les
« atteindre tous deux à la fois.... Ne tra-
« vailler que pour la foule, c'est faire un
« métier; ne travailler que pour les connais-
« seurs, c'est faire de la science. L'art n'est
« ni science, ni métier. »

Plus loin, il défend Horace Vernet du reproche d'avoir peint l'Empereur à Iéna sans y mettre la bataille même, et il rappelle à ce propos une parole du grand peintre David à Baour Lormian, parole dont la trivialité

se rachète par le sens vif et profond : « Tu
« es bien heureux, toi, Baour; avec tes vers,
« tu fais ce que tu veux ; tandis que moi, avec
« ma toile, je suis toujours horriblement
« gêné. Supposons, par exemple, que je
« veuille peindre deux amants dans les Alpes.
« Bon. Si je fais deux amants de grandeur
« naturelle, me voilà avec des Alpes grosses
« comme rien. Si au contraire je fais de
« belles Alpes, des Alpes convenables, me
« voilà avec de petits amants d'un demi-pied,
« qui ne signifient plus rien du tout! Mais
« toi, Baour, trente pages d'Alpes, trente
« pages d'amants; t'en faut-il encore? trente
« autres pages d'Alpes, trente autres pages
« d'amants ; etc. »

Après cette boutade de David, la revue du Salon amène Musset devant une œuvre saisissante: *la Retraite de Russie*, par Charlet. Tout à l'heure, c'était une simple anecdote historique, maintenant c'est tout un poème

dans sa poignante vérité. « ... Cent mille
« malheureux marchent d'un pas égal, tête
« baissée, et la mort dans l'âme. Celui-ci
« s'arrête, las de souffrir ; il se couche et
« s'endort pour toujours. Celui-là se dresse
« comme un spectre, et tend les bras en sup-
« pliant : — Sauvez-moi, s'écrie-t-il, ne m'a-
« bandonnez pas ! — Mais la foule passe, et
« il va retomber. Les corbeaux voltigent
« sur la neige, pleine de formes humaines.
« Les cieux ruissellent et, chargés de fri-
« mas, semblent s'affaisser sur la terre...
« Partout où le regard se promène, il ne
« trouve qu'horreur, mais horreur sans lai-
« deur comme sans exagération... » Quelle
vérité, quel relief dans cette description ! Le
tableau tracé par l'écrivain vaut le tableau
du peintre.

Il nous arrête ensuite devant le dernier
ouvrage laissé par Léopold Robert : *Pêcheurs
de Chioggia ; départ pour la pêche*, et, pen-

sant à la fin tragique de ce grand peintre, il s'écrie : « Ah ! Dieu ! la main qui a fait cela « et qui a peint dans six personnages tout « un pays ! cette main puissante, sage, pa- « tiente, sublime, la seule capable de renou- « veler les arts et de ramener la vérité ! cette « main qui, dans le peu qu'elle a fait, n'a « retracé de la nature que ce qui est beau, « noble, immortel ! cette main qui peignait « le peuple, et à qui le seul instinct du génie « faisait chercher la route de l'avenir là où « elle est, dans l'humanité ! cette main, « Léopold, la tienne ! cette main qui a fait « cela, briser le front qui l'avait conçu ! » On ne peut se dissimuler qu'aujourd'hui, à cinquante ans de distance, le coloris de Léopold Robert ne soit un peu défraîchi ; cela tient aux procédés que ce peintre employait : beaucoup de demi-teintes se sont évaporées, mais la pensée et le dessin restent intacts dans toute leur beauté.

CHAPITRE IX

Souvenirs antiques de son voyage en Italie. Sa visite au Louvre éclairé aux flambeaux. — Privations pour un tableau. — Deux poètes épris de *la Marguerite* du Schefer. — Pensée de Caro sur ce type de candeur. — Le goût de la peinture et le coloris en poésie. — Talent d'Alfred pour la caricature ; ses inconvénients. La princesse Belgiojoso ; sa beauté romantique. — Musset dessine sa caricature ; échange de paroles mordantes. — Version de M. Chenavard ; Musset et Mignet. — Idée de mariage avec la fille de Melesville ; Pétrarque et Laure. — Esprit cultivé de la princesse Belgiojoso ; ses talents, ses excentricités, sa recherche de l'effet ; son amour de la musique. Poursuivait avec son mari la pensée de l'affranchissement de l'Italie. Ses relations avec le parti libéral français. Le prince Belgiojoso musicien et conspirateur. — Lettre de Musset à Listz sur ce prince ; leur intimité ; funeste exemple d'intempérance. — Enthousiasme d'Henri Heine pour la princesse ; sa décadence. — Les femmes politiques. — Mme Jaubert, marraine de Musset ; plaisantes lettres à elle adressées par le poète. — Morale facile, mais pratique.

Alfred de Musset était alors sous l'impression de ses souvenirs d'Italie. Il avait visité ce pays avec enthousiasme et dans des con=

ditions telles qu'il voyait tout à travers le prisme de la passion qui voyageait avec lui. Bien que cette passion eût pris fin, il voulut revoir au Louvre ces maîtres italiens qu'il avait tant admirés, mais, par une idée d'artiste, il désirait rester seul avec eux afin de ne pas être distrait dans sa contemplation. On se prêta à cette fantaisie, et, un soir, Musset fut introduit dans la galerie de peinture, armé d'une de ces grandes lampes qui servaient à la Cour pour les promenades aux flambeaux. Il y resta longtemps en méditation, et raconta ensuite qu'il avait cru voir les grands maîtres le pinceau à la main, et qu'il s'était offert à Raphaël pour broyer ses couleurs.

Dans un des moments assez fréquents où Musset se trouvait à court d'argent, il n'avait pu résister à la beauté d'un tableau de Rubens et il avait pris des arrangements avec le marchand pour le payer, mais il avait de

la peine à y arriver ; et comme Mlle Colin, sa ménagère, le grondait sur cette acquisition, il lui dit : « Réduisez mon dîner au strict né-
« cessaire et mettez le tableau en face de mon
« couvert; le repas me paraîtra ainsi assez
« bon. »

Il s'était épris de la Marguerite de *Faust*, interprétée par le peintre Ary Schefer ; il avait placé au fond de son alcôve une réduction de ce tableau et le regardait souvent avant de s'endormir, comme s'il cherchait dans l'histoire de cette victime de l'amour un apaisement dans la fièvre qui, par instant, le dévorait. Henri Heine, le grand sceptique, disait de cette peinture de Schefer :
« Elle ne peut être décrite ; elle est plus sen-
« timent que figure. C'est une âme peinte.
« Toutes les fois que je passais devant elle,
« je ne pouvais m'empêcher de lui dire à
« voix basse : pauvre enfant ! » — « C'est la
« science du bien et du mal, a dit M. Caro,

« qui dégrade dans toute faute : une âme in-
« consciente, comme celle de Marguerite,
« est chose fragile et profonde à la fois, pres-
« que irresponsable à force de candeur... Et
« tel est l'art du poète que Marguerite, même
« coupable, demeure dans nos souvenirs
« comme un type de grâce et de pureté. »

Alfred de Musset disait quelquefois qu'il aurait voulu être un grand peintre, et qu'il devait peut-être à son amour de la peinture le coloris brillant qu'on remarquait dans ses écrits. Ainsi Lamartine, dans un de ses entretiens, dressant la liste des grands écrivains de 1830, inscrit « Musset comme le Corrège
« du coloris sur les dessins trop voluptueux
« de l'Albane ». Si Musset n'était pas peintre, il dessinait du moins avec facilité, et il possédait le talent dangereux de la caricature, sûr moyen de se brouiller avec ses amis si l'on s'attaque à eux, car on ne s'amuse guère des railleries dont on est l'objet; les

femmes surtout sur ce point sont intraitables. Notre poète en fit l'épreuve, comme on va le voir.

La princesse Belgiojoso, née Christine Trivulce, était une beauté venue juste à point pour la période romantique : grande, svelte, avec ses cheveux noirs et fins naturellement ondés, ses grands yeux, son nez de forme parfaite, ses sourcils admirablement dessinés, sa lèvre ardente, son délicieux sourire, telle que l'a représentée le peintre Lehmann, elle réalisait dans sa pâleur extrême le type sombre et fatal que l'École affectionnait. Elle possédait en plus un son de voix enchanteur. Alfred de Musset l'aima un moment ou crut l'aimer. Or, un soir chez elle, au milieu d'un cercle intime dont il était, quelqu'un émit cette opinion attribuée à Léonard de Vinci que le plus beau visage pouvait être tourné en caricature. Chacun de se récrier, sauf Alfred, qui pendant ce temps dessina rapidement le profil de la princesse, défiguré mais horriblement ressemblant. « Eh bien, lui dit-« elle, vous pouvez garder ce prétendu por-« trait ; c'est tout ce que vous aurez de moi. » Le poète riposta par les stances *Sur une morte*, qui se terminent ainsi :

> Elle aurait aimé, si l'orgueil,
> Pareil à la lampe inutile
> Qu'on allume près d'un cercueil,
> N'eût veillé sur son cœur stérile.
> Elle est morte et n'a pas vécu.
> Elle faisait semblant de vivre.
> De ses mains est tombé le livre
> Dans lequel elle n'a rien lu.

A peine ces vers étaient-ils imprimés qu'il en eut regret. Il faut dire qu'il avait été provoqué par un mot cruel de la princesse. Elle lui avait écrit : « Le châtiment des amours vulgaires est d'interdire à ceux qui s'y livrent l'aspiration aux nobles amours. » Elle le renvoyait aux *succès faciles*, et lui, se récriant sur *cet affreux mot de succès*, prétendait que

Pallida, sed quamvis pallida, pulchra tamen.
Elle est pâle, et pourtant quoique pâle elle est belle.

les uns n'étaient pas plus impossibles que les autres. Ce n'était plus le temps où Alfred écrivait à Mme Jaubert, sous l'enchantement du sourire de la princesse : « Ce sont deux
« petits boutons d'oranger blancs enchâssés
« dans du satin groseille qui servent de dents
« à cette belle personne. » Maintenant, il la voit avec d'autres yeux, et Mme Louise Collet rapporte ainsi ses paroles: « J'ai été huit
« jours entre ses pattes de velours et j'en
« garde encore les traces dans mon imagina-
« tion, je ne dirai pas au cœur, la griffe n'a
« pas pénétré si avant... La beauté trop mai-
« gre de la princesse me plaisait médiocre-
« ment, mais ses grands yeux extatiques, et
« ses provocations interrompues brusque-
« ment par quelque dissertation sur l'autre
« monde me piquaient au jeu. » C'était le propos d'un revenu de Cythère. Alfred avait entendu au sujet de la princesse un mot qui l'avait frappé : « Elle a dû être bien belle,

disait-on, lorsqu'elle était vivante ! » Impressionnable comme l'était Musset, il n'en fallait pas plus pour le désenchanter, et ce ne fut pas la seule fois où une opinion exprimée par le premier venu fit évanouir son enthousiasme en pareille circonstance.

Le peintre Chenavard, qui a beaucoup connu Musset à cette époque, nous a donné la véritable version de cette brouille.

Ils se trouvaient ensemble à la campagne quand M. Mignet, l'académicien, vint voir la princesse. Le poète, très jaloux à ses moments, demanda, voulut même exiger que Mignet fût congédié avant le dîner. Sur le refus formel de la princesse, Musset monta dans sa chambre, fit sa malle rageusement et partit. M. Chenavard décrit avec sincérité les inégalités du caractère d'Alfred de Musset et sa tendance à excuser la débauche. Cependant il s'intéressait à lui au point d'avoir voulu le marier, pensant que le mariage l'arracherait à ses entraînements. Il lui parla de Mlle Laure Mélesville, fille de l'auteur dramatique collaborateur de Scribe. Cette idée lui plut beaucoup; la présentation eut lieu, sous le prétexte d'une collaboration à une pièce dont l'allusion était transparente, car il s'agissait d'un calife généreux qui donnait tout, jusqu'à sa dernière esclave, et Chenavard fit ensuite pour l'album de Mlle Mélesville un dessin représentant Pétrarque et Laure à la Fontaine de Vaucluse, sous les traits de Musset et de la jeune fille, avec ces vers de Pétrarque et leur traduction improvisée par Alfred :

> Benedetto sià il giorno e il mese e l'anno
> E la stagione e il tempo e l'ora e il punto,
> E il bel paese e il loco ov io fui giunto
> Da duo begli occhi che legato m'hanno.

> Bénie soit la saison et l'heure le moment
> Et le jour et l'année et le mois et le temps,
> Et la place chérie où dans mon triste cœur
> Pénétra de vos yeux la charmante douceur.

Malheureusement, Mlle Mélesville n'avait pour le poète qu'une sympathie purement littéraire, et en même temps une inclination sérieuse pour un Belge qu'elle épousa peu de temps après.

Les relations d'Alfred de Musset avec la princesse Belgiojoso n'avaient pas été de longue durée ; elle l'avait pourtant arraché à une période de découragement et son influence l'aurait peut-être maintenu sur les hauteurs dignes de son génie.

Pour le dire en passant, c'est une chose étrange que ce goût de beaucoup de femmes d'un esprit cultivé et surtout des étrangères pour déraisonner à perte de vue sur le monde surnaturel. La princesse Belgiojoso, très instruite, d'un esprit très actif, ne se contentait pas de rêveries banales que tout le monde peut faire, elle étudiait, elle cherchait la vérité, et elle écrivit entre autres ouvrages quatre gros volumes de théologie sur la formation du dogme catholique. Pour compléter ses études sur ces graves matières, elle avait fait un long voyage dans le pays qui fut le berceau de la chrétienté. Mais elle n'avait pas pour cela abdiqué les sentiments qui ressortent de l'humaine nature. Elle était exaltée en musique comme en toute chose : tout pour l'art et par l'art était sa devise. Le chant de Mario agissait sur elle d'une façon magnétique. Les fidèles survivants de l'ancien Théâtre Italien se souviennent encore qu'à l'apparition de Mario en scène, la belle Milanaise se levait toute droite dans sa loge, et retombait ensuite quand il cessait de chanter, assise, les yeux fermés comme en état de somnambulisme. Elle avait elle-même soif d'hommages et disait un jour : « Je ne saurais deviner quel « intérêt nous prenons à l'existence quand « les yeux ne nous regardent plus avec « amour. »

La princesse Belgiojoso était toujours à la recherche de *l'effet;* elle y était artiste consommée. Sa passion démonstrative pour la musique, sa dévotion expansive, ses conférences avec les prédicateurs en vogue, ses idées libérales bruyamment professées, tout, jusqu'à son ameublement formant un contraste calculé entre les tentures du salon en velours noir à étoiles d'argent comme un catafalque et la chambre à coucher en satin blanc lamé d'argent avec un prie-Dieu surmonté d'une tête de mort, son domestique nègre en turban blanc auquel succédait un Arabe qu'elle voulait convertir..., tout était combiné par elle pour faire de *l'effet.*

Elle s'était passionnée pour l'affranchissement de l'Italie. Sur ce point, l'accord subsistait entre elle et son mari, même après le refroidissement qui suivit les premiers mois d'une union romanesque. Le prince Emilio Belgiojoso, *beau et joyeux,* ne faisait pas

mentir son nom ; avec tous les dons de la
nature, son absence de vanité lui permettait
de plaire aux femmes sans blesser la
jalousie des hommes. Excellent musicien,
doué d'une voix magnifique, — Rossini avait
été son maître, — il égalait les plus
grands chanteurs de son temps. Christine
Trivulce, qu'on appelait la belle héritière
Milanaise, âgée à peine de seize
ans, s'éprit de lui et voulut l'épouser ;
il ne se fit pas trop prier et se laissa faire.
Compromis l'un et l'autre dans les mouvements
insurrectionnels des Romagnes, ils
étaient venus chercher un asile à Paris. La
princesse, pendant les séjours qu'elle y fit à
diverses reprises, recevait toutes les célébrités
de l'époque, et principalement les
notabilités du parti libéral : le général Lafayette
malgré son grand âge, MM. de Tracy,
Cousin, Mignet son préféré pendant plusieurs
années, Augustin Thierry qui demeurait chez

elle, Victor de Laprade, Ferdinand de Lasteyrie, Gontaut-Biron, Ary Schefer, Listz et le pianiste Dohler, ces deux derniers en intime faveur.

Alfred de Musset écrivait à Listz en novembre 1836 : « Je voulais vous aller voir aujour-
« d'hui, mon cher Listz, et je n'ai pas pu.
« J'avais chargé l'autre jour à l'Opéra votre
« petit archidiacre d'une commission pour
« vous, et je ne sais s'il s'en sera souvenu.
« Je voudrais que vous fussiez assez aimable
« pour me prévenir quand vous compterez voir
« Belgiojoso. Le récit qu'il m'a fait de votre
« matinée chez lui m'a donné bien des re-
« grets de ne pas m'y être trouvé. Mais je
« ne manque que les bonnes choses. Si donc
« vous aviez le dessein de revoir bientôt *il*
« *nostro principe*, souvenez-vous en même
« temps d'un autre ami, je vous prie.

« Vous trouverez peut-être dans la pro-
« chaine revue une lettre de Cotonet sur les

« *humanitaires*. J'espère que vous en rirez,
« vous et vos amis, et que nous ne nous
« brouillerons pas pour les boutades d'un
« provincial. Tout Français que je suis, je ne
« voudrais pas vous perdre pour un bon
« mot, et si cette lettre vous fâche, je me
« charge de répondre, en signant, au mau-
« vais plaisant anonyme.

« A vous de cœur.

« Alf. de Musset. »

Il se forma bientôt une grande intimité
entre le prince et le poète, et ce fut un malheur pour ce dernier. Le prince était très
viveur en tout genre, et il conviait souvent
ses amis à de gais soupers, où sa robuste nature lui permettait des excès où d'autres pouvaient difficilement le suivre. Alfred de Musset, en voulant l'imiter, prit des habitudes
d'intempérance qui devinrent un besoin, et
eurent plus tard des suites funestes pour lui.

Quant au prince Belgiojoso, ses galanteries tournèrent tout d'un coup au roman : une femme du monde quitta tout pour lui, et lui sacrifia sa destinée.

Parmi les admirateurs de la princesse, nous devons inscrire Henri Heine, qui disait dans ses mémoires en parlant de l'Italie : « Ce noble pays qui est la patrie de la beauté et qui a produit Raphaël, Rossini et la princesse Christiana Belgiojoso. »

Mais, hélas ! que les gloires mondaines durent peu ! Nous lisons dans le *Journal d'un diplomate*, par M. d'Ideville, qu'en 1862 la princesse Belgiojoso vivait fort retirée à Milan, « sa taille courbée avant l'âge, l'œil
« d'une expression un peu sombre, le geste
« impérieux, la parole incisive, originale,
« tout en elle dénotait une volonté de fer et
« une nature passionnée toujours en proie à
« la politique ; elle m'a serré les mains en me
« disant : au revoir, mais ailleurs que dans

« ce monde. » L'âme, chez elle, avait usé le corps. Elle eut le bonheur de saluer l'indépendance de l'Italie à son aurore, avec l'illusion de croire qu'elle y était pour quelque chose. Il est vrai qu'elle avait sacrifié pour sa cause des sommes considérables, mais on a pu voir par de récents exemples qu'on ne peut savoir avec certitude à qui profitent les millions aventurés dans ces sortes d'entreprises. On peut dire qu'en général la politique a rarement porté bonheur aux femmes. Abstraction faite de ses tendances bonnes ou mauvaises, cette science exige des qualités d'observation, de suite et de discrétion qui paraissent peu compatibles avec le caractère de la française. Savoir se taire est souvent difficile pour la femme de ce pays, et c'est pourquoi ses combinaisons politiques ne peuvent longtemps rester secrètes; elle se passionne, embrouille et compromet. L'histoire de France est remplie de faits d'ingérence malheureuse de reines, régentes, princesses ou favorites dans le gouvernement; et, chose bizarre, sous l'influence du terroir et au contact des femmes françaises, les étrangères transplantées changent de nature, et perdent quelque chose de leurs aptitudes sérieuses, sans acquérir toujours cette gracieuse légèreté qui fait en France le charme de la vie sociale et du foyer domestique. Si l'ingérence des femmes dans les affaires n'est pas toujours heureuse, elles trouvent du moins une grande satisfaction personnelle dans le triomphe de la grâce sur la force et la puissance. Par malheur, leur imagination les emporte droit devant elles sans leur laisser soupçonner les trahisons, les écueils où leur fortune se brise. On comprend qu'une grande dame portant le nom du premier duc et pair de l'ancienne monarchie ait rêvé de faire à elle seule une restauration royaliste. Il appartenait en quelque sorte à cette mère suppléant son fils encore mineur de préparer la solennité où le grand-maître de la Maison du Roi, renouant la chaîne du temps, devait prononcer les paroles sacramentelles : « Le Roi est mort ! Vive le Roi ! » Il est présumable qu'à ce rêve généreux se mêlait l'image des héroïnes du temps de la Fronde : Mlle de Montpensier, les duchesses de Chevreuse, de Bouillon, de Longueville, qui jouèrent les rôles les plus importants dans cette guerre frivole ; car, en dépit de la loi Salique, les Français ont bien souvent admis tacitement la prépondérance des femmes dans les affaires publiques comme dans les affaires privées. Pour que l'analogie avec la Fronde fût complète, le duc de Beaufort, *le roi des Halles*, se trouvait représenté aujourd'hui par un général devenu en très peu de temps, on ne sait trop pourquoi, extrêmement populaire. Quelle en a été la conséquence ? Moins que rien, une action sans résultat. Mazarin, pour choisir un général d'armée, ne demandait pas s'il était brave, habile, mais « est-il heureux ? » La duchesse X..., malgré l'esprit traditionnel de sa race, s'est trompée aux apparences. Le héros a perdu pied et s'est noyé ; — l'héroïne seule est restée.

La princesse Belgiojoso elle-même n'a vu que bien tard la réalisation de son rêve. Elle avait pu rester attrayante, chose rare chez une femme politique. Elle avait connu Musset par suite d'une amitié commune avec Mme Jaubert qui a donné dans ses mémoires beaucoup de détails sur cette phase de la vie d'Alfred, avec des lettres familières qui n'étaient pas destinées à être publiées. On y voit le poète comme en robe de chambre, parlant de ses tribulations amoureuses de la manière la plus plaisante, avec des expressions dont la négligence voulue s'explique par une ancienne et très grande intimité avec sa correspondante. Mme Jaubert, née d'Alton-Shée, avait beaucoup d'esprit, et cherchait à en montrer davantage. Elle était blonde, de très petite taille, et son pied était si petit et si bien fait que Musset, dans ses lettres, en rabâchait sans cesse. Henri Heine faisait de même. Par une habitude dont le sel nous échappe, Alfred appelait Mme Jaubert « ma marraine », bien qu'elle fût aussi jeune que lui ; il voulait ainsi rendre hommage à la sagesse de ses conseils qui, d'ailleurs, n'avaient rien d'austère, car ce rôle de Mentor tel que le comprenait Mme Jaubert reposait sur une morale fort indulgente.

CHAPITRE X

Mme Kalergis, née Nesselrode. — On distingue dans les hautes classes deux sortes de Polonaise : l'une vraiment grande dame ; son caractère, son amabilité, ses entraînements, ses caprices, son goût pour le surnaturel, ses visions parfois véhémente mais généreuse, et toute en dehors. La comtesse X. au lit de mort de son mari. Leur patriotisme. Mot historique de la grande-duchesse Constantin. Mort héroïque d'Emilie Plater. Groupe de noms illustres. — Seconde sorte de dame Polonaise : vouée à la lutte, elle s'insinue et s'impose ; ses moyens d'action. — Mme Kalergis, grande dame Polonaise, occupe la pensée d'Alfred de Musset. Son portrait par un compatriote ; son grand talent de pianiste ; par elle, Musset connaît le grand poète Krasinski, qui traduit plusieurs de ses poésies. — Analyse du poème de Krasinski, *l'Infernale comédie ;* le monde ancien sur le point de périr sauvé par l'éclatante lumière du Christ. — Traduction d'un fragment de Krasinski. — La société Polonaise se livre passionnément aux expériences de magnétisme ; Alfred y croit peu. Il s'adonne à la phrénologie.

Ce fut sous la même égide que Musset, après sa brouille avec la princesse Belgiojoso, offrit ses hommages à Mme Marie Kalergis, née Nesselrode. Elle était Russe par son père, Polonaise par sa mère, mais l'élément polonais dominait dans sa nature.

On distingue dans les hautes sphères de la société deux types de la femme polonaise : le premier a tous les caractères de la grande dame ; rien n'égale la grâce de son accueil de bienvenue qui provient de son désir passionné de plaire. L'imprévu est son grand charme ; mais ce charme n'est pas exempt d'inquiétude, car elle a le cœur mieux équilibré que la tête. Elle aime en toute chose l'extraordinaire, le romanesque, tout ce qui sort des sentiers battus ; elle se passionne pour les nobles actions, les grandes témérités, les beaux talents, se plaît dans les rêves et les chimères, croit facilement aux prophéties, à la puissance du magnétisme, à l'influence heureuse ou néfaste de certaines personnes ; et elle vous citera le cas de la femme du grand poète Mickiewicz qui fut guérie sou-

dainement d'une terrible maladie nerveuse
par un seul regard de Towianski, l'apôtre
du messianisme. Elle est prédisposée aux
apparitions, qui semblent pour elle des aver-
tissements célestes. C'est ainsi qu'Hélène
Massalska, veuve du prince de Ligne et
remariée au comte Vincent Potocki, crut voir
dans la chambre nuptiale trois petits cercueils
rangés au pied de son lit : c'étaient ses trois
enfants qu'elle perdit à peine nés. La Polonaise aime le monde, et le quitte parfois subi-
tement, sauf à y retourner ensuite. Changer
de place et de milieu, voyager sans cesse, est
pour elle un besoin et un bonheur ! C'est
l'instinct traditionnel d'un peuple aux goûts
nomades qui se souvient des grandes plaines,
des grandes forêts, des fleuves et des sables
mélancoliques de son pays, et se trouve à
l'étroit partout ailleurs. Nature impressionnable, d'une mobilité d'imagination extrême,
de premier mouvement, elle est parfois fan-

tasque ou véhémente et sujette aux engouements irréfléchis. Son langage coloré abonde en mots saisissants et inattendus : elle emploie souvent des expressions fortes qui vont au delà de sa pensée ; mais son vocabulaire est ainsi, on le sait et l'on ne s'y trompe pas. D'une simplicité extrême d'habitudes, malgré le souvenir des grandes existences polonaises si fastueuses autrefois, elle n'est cependant jamais vulgaire, car elle possède une distinction héréditaire provenant des mariages qui pendant longtemps, en Pologne, se maintenaient dans les mêmes rangs, dans les même familles, et n'admettaient point les mésalliances. De là vient aussi que la Polonaise garde toujours la marque ineffaçable des descendantes d'Odin, malgré ses changements de nationalité d'ailleurs assez rares. Elle ignore le snobisme, cette maladie morale de nos jours ; sa gracieuse affabilité met tout le monde à l'aise, rassurant les timides, encourageant les silencieux. Elle sait beaucoup plus de choses par intuition que par étude, s'assimilant rapidement la littérature et la poésie de tous les pays et montrant dans tout ce qu'elle fait la vie intense qui est en elle. D'une indifférence dédaigneuse pour la lutte des rivalités mondaines plus ou moins intéressées, tout calcul lui est odieux ; se défier lui est impossible. Elle a des mots qui vont au cœur.

On a vu récemment la comtesse X... au chevet de son mari mourant qu'elle soignait avec tendresse, devinant son regret de ne plus voir une personne qu'il n'avait pas le *droit d'aimer* et ayant la générosité de lui dire : « Je sortirai maintenant de 4 heures à 6 heures. Vous pourrez pendant ce temps faire venir les amis que vous désirez voir. » C'était pardonner noblement ses griefs légitimes ! Le sacrifice paraît avoir pour la noble Polonaise un attrait particulier, grâce au sang héroïque

qui coule dans ses veines. On sait avec quelle ardeur elle prenait sa part dans les drames de la patrie, méritant d'avoir aussi sa part dans ces paroles de la grande-duchesse Constantin.
« Oh ! les Polonais ! ils ne savent pas vivre mais ils savent mourir ! Telle était Émilie Plater, l'héroïne du soulèvement de 1832, qui combattait près de son père et mourut de ses blessures ; telle Claudine Potocka célèbre aussi par son patriotisme ; telle encore de nos jours Alexandrine Potocka qui, avec une grande simplicité de vie, a consacré sa fortune à la fondation d'hôpitaux, d'asiles et au soulagement des malheureux ! D'autres grandes Polonaises pourraient être citées, dans nos temps présents, mais nommer ces dernières leur paraîtrait peut-être une indiscrétion !... Pour acheter ce tableau, écoutons ce que rapporte M. de Falloux de Mme la duchesse d'Angoulême : « Elle avait,
« sur le mariage qui eût été le plus désirable

« pour M. le comte de Chambord, les idées
« les plus libérales. Ce qu'elle avait rêvé
« tout d'abord, disait-elle, c'était une belle
« et noble Polonaise..» En parlant ainsi, la
Dauphine pensait à son arrière-grand'-mère,
la douce et vertueuse Marie Leczinska...
Nous devons parler maintenant de la
seconde sorte de Polonaise, ce que nous
ferons très brièvement... Celle-là est terriblement armée pour la lutte, et telle a été
sa prédestination; car derrière le nom distingué qu'elle porte on retrouve presque
toujours un filon plus ou moins éloigné
d'une caste inférieure. Sa vie est un combat.
Le rêve insatiable de la fortune occupe son
âme, et l'âpreté de son ambition lui a ôté
dès le début de la vie la faculté d'aimer; mais
en revanche elle a le génie des affaires. Belle
souvent, mais surtout séductrice habile, elle
a conscience de sa force, son regard est
impénétrable, mais elle a, quand elle veut,

une douceur caressante de la voix qui vous captive : c'est un abîme couvert de fleurs! Son principal et infaillible ressort est la flatterie à outrance, avec un esprit de suite qui ne se dément jamais ; conservant un calme trompeur jusque dans la haine et dans les calculs les plus profonds, elle poursuit sa route avec un air de candeur, semant les divisions qui lui sont utiles, ne se découvrant jamais, ne perdant jamais de vue son but intéressé, et réussissant presque toujours dans ses entreprises.

Mme Kalergis était le type accompli de la Polonaise. Elle a brillé comme un météore parmi les femmes remarquables de ce temps par sa beauté, son esprit et ses talents, et elle se rattache à l'histoire d'Alfred de Musset, car elle fut une des héroïnes passagères de cet éternel roman toujours recommencé et toujours brisé avec des larmes, des plaintes et des sanglots de notre malheureux poète.

Un ami et compatriote a bien voulu nous
tracer son portrait de mémoire ; il nous la
dépeint « dans une robe blanche toute vapo-
« reuse, une large ceinture rouge flottant
« autour de sa taille, une écharpe en dentelle
« blanche avec une rose dans ses cheveux
« dorés d'un blond rutilant. Le dessin de ses
« traits était régulier, le nez grec, la bouche
« fine, les sourcils et cils blonds, les yeux
« bleus et vifs, le teint éblouissant de blan-
« cheur, la taille élevée, bien faite, grasse
« sans l'être trop, le cou long se dégageant
« avec élégance des épaules larges mais admi-
« rablement découpées, la tête petite et élé-
« gante, sur toute la personne un air de grande
« dame ». Un autre portraitiste a comparé
ses yeux à deux violettes de Parme, et ses
cheveux au type chaud de ton qu'affectionnait
l'École vénitienne. Un des prestiges de cette
belle personne était son admirable talent de
pianiste : élève de Thalberg et de Chopin, elle

réunissait les qualités de ces deux virtuoses ; passionnée pour son art, elle emportait presque toujours son piano dans ses voyages et prêtait généreusement son concours aux concerts de bienfaisance. Un tel talent était fait pour séduire le poète qui avait écrit les belles stances à la Malibran et qui protégea ensuite si chaleureusement dans la *Revue* les débuts de Pauline Garcia.

Par Mme Kalergis, Alfred de Musset se trouva introduit pour quelque temps dans un groupe d'élite de la colonie polonaise où la poésie était en honneur. On y conservait un culte pour Niemcewicz, l'auteur des *Chants historiques*, mort très âgé en 1841. On y vénérait le grand Mickiewicz encore vivant en 1841 ; le comte Sigismond Krasinski, auteur de *Nie-boska Komedya* (*l'Infernale comédie*), cauchemar socialiste, et de beaucoup d'autres œuvres, le seul écrivain de génie qui ait assez dédaigné la gloire pour ne signer aucune

de ses œuvres, consacrant en outre une fortune considérable à soutenir les poètes qui, comme Jules Slowacki, étaient moins favorisés par le sort; enfin plein d'admiration pour Musset dont il traduisit plusieurs poèmes en polonais. Ce sera donc à peine nous écarter de notre sujet, de reproduire ici ce que nous écrit un poète et orateur éminent, M. Waliszewski : « Krasinski, le poète ano-
« nyme de la Pologne, s'est fait une place à
« part dans la pléiade des grands bardes po-
« lonais ses contemporains. Mickiewicz, Slo-
« wacki sont des poètes essentiellement na-
« tionaux, mais Krasinski a embrassé des
« horizons plus vastes. Sa *Komedya* est la
« lutte du monde ancien aristocratique et
« croyant contre le monde nouveau égali-
« taire et athée. Le comte Henri, dernier chef
« féodal, est assiégé dans son château par
« l'armée révolutionnaire. Le monde ancien
« est destiné à périr avec lui dans cette su-

« prême retraite. Vaincu, abandonné et mau-
« dit par les siens, le comte Henri meurt en
« désespéré... Pancrace, chef de la démocratie
« victorieuse, triomphe ; mais à ce moment
« une clarté éblouissante apparaît à ses yeux :
« c'est l'image du Christ vengeur. Il ne peut
« en supporter l'éclat, et tombe foudroyé en
« murmurant : *Galile, vicisti* ! Galiléen, tu as
« vaincu ! » Ce poème est écrit en prose,
mais c'est une prose merveilleusement rythmée, dont l'harmonie n'a été égalée par aucun versificateur, et dont lui-même n'a pu retrouver le charme et la puissance dans ses
poèmes rimés. Les Polonais, pendant le soulèvement de 1863, récitaient un chant de
Krasinski commençant ainsi :

> Une tombe est notre patrie,
> Nous errons sur elle comme des spectres ;
> Mais notre foi reste entière
> Dans le jugement dernier.
> . . . .

A côté de ces poètes dont s'honorait la société polonaise, on voyait briller les grands noms historiques qui étaient noblement portés, et parmi les femmes la belle pléiade des dames Potocki. Ces dames, ainsi que Mme Kalergis, étaient très entichées des expériences de magnétisme, des tables tournantes, des *médiums*, esprits frappeurs et autres hallucinations. Alfred fut en cela un initié récalcitrant. Il parle dans ses lettres de la « rage de magnétisme » qui sévissait autour de lui en 1848, puis d'une séance donnée par le fameux somnambule Alexis avec la demoiselle Julie et leur cornac M. Marcillet, séance dans laquelle, après quelques expériences qu'il fit avorter, il en vit d'autres qui l'étonnèrent sans le convaincre. « Qu'est-ce que c'est que tout cela ? Je n'en sais rien du tout. » Telle était sa conclusion. Les nouvelles expériences faites dans la société polonaise paraissent l'avoir intéressé, mais seulement à titre de curiosité. La grande clarté, la grande lumière qu'il avait dans l'esprit le préservait de trop de crédulité.

Il avait cependant, en dehors de la société polonaise, parmi ses plus intimes amis, un initiateur convaincu et passionné pour le magnétisme et qui aurait pu l'y entraîner. Le marquis Alfred de Belmont avait reçu de la nature tous les avantages extérieurs qui peuvent flatter un homme, et possédait, par tradition et par l'influence du noble milieu où il avait été élevé, cette exquise politesse qui fait tout valoir et que rien ne remplace. Heureux de vivre, il apportait dans les relations mondaines une parfaite amabilité, une gaieté et un entrain charmants, amusant les autres pendant qu'il s'amusait lui-même, une douce ironie sur ses lèvres railleuses sans jamais blesser, tant il eût craint d'affliger, une bonté ingénieuse et active, cherchant à se rendre agréable, observant avec les femmes une grande déférence jusque dans la familiarité. En un mot, le marquis Alfred de Belmont était un des rares représentants qui restaient encore de l'ancienne société française. De tous les amis d'Alfred de Musset, c'était celui dont le poète aimait le mieux la société. Le marquis s'était laissé prendre aux expériences de tables tournantes et parlantes. Pendant quelques années, ce fut une vogue extraordinaire pour les *mediums*, personnages équivoques qui prétendaient servir d'intermédiaires entre les vivants et les morts ou les absents. Peut-être reste-t-il encore quelques adeptes de cette rêverie ; mais le grand opérateur Hume n'est plus là. Cet Écossais, qui disait se rattacher aux Stuarts, était devenu à Paris l'homme à la mode. Il possédait pour agir sur l'esprit de ses auditeurs des moyens qui tenaient à la fois du magnétisme et de l'escamotage, mais il n'a pas dévoilé son secret. Le comte Komar, frère de la princesse de Beauveau, lui avait offert l'hospitalité et le patronnait chaudement. Tout le monde voulait l'avoir pour dîner et passer la soirée; il fallait s'inscrire d'avance : c'était un vertige. Mais on avait l'espoir d'assister à des évocations, des apparitions, de toucher dans l'obscurité, sous la table, des mains glacées où l'on était prédisposé à reconnaître des personnes aimées. Cette folie avait envahi jusqu'à la Cour de Napoléon III. L'Impératrice s'y intéressait énormément. Mais Hume, s'étant avisé de toucher à la politique, l'Empereur lui fit entendre avec la douceur qui lui était habituelle qu'il ferait bien d'aller exercer ses talents ailleurs. Hume disparut brusquement, son étoile l'abandonna, et il mourut bien des années après dans la plus humble obscurité. Le marquis de Belmont avait assisté assidûment à tous les conciliabules mystiques des Tuileries; lié autrefois avec le prince Louis pendant leur jeunesse, il était devenu naturellement l'un des intimes de la Cour de Napoléon III, où l'on aimait son élégance aristocratique, ses manières courtoises et affables. Il y laissa un grand vide lorsqu'il mourut prématurément, en 1857, d'un arrêt subit du cœur provoqué peut-être par ses préoccupations imaginaires. Jusqu'au dernier moment il était séduit par le monde des esprits et il essaya à plusieurs reprises d'enrôler son ami Alfred de Musset dans la poursuite du surnaturel, mais il ne put le persuader. Ils avaient eu entre eux une correspondance suivie que M. de Belmont brûla peu de temps avant sa mort. Ce fut dans le même temps que notre poète s'adonna à l'étude de la phrénologie, et il prétendait deviner à la seule vue d'une tête humaine tout ce qu'elle renfermait.

CHAPITRE XI

Amour vrai ou imaginaire. — Théorie de Balzac sur la chasteté, régime de l'écrivain. — Frédéric et Bernerette, anecdote personnelle changée au dénouement. — Le cœur refroidi ne se rallume guère. Musset refuse les soins d'anciennes amies. Le portrait-signalement. — Deux ennemis du poète : une cardialgie organique et l'emploi des stupéfiants avec leurs séduisants mais dangereux effets. — *L'Anglais mangeur d'opium.* — Refus d'un mariage par délicatesse. — L'aveugle et la serinette ; le premier et le second mouvement. — Un futur magistrat qu'il détourne de sa chimère poétique. — Le jeu des échecs ; son origine. — Amateurs illustres ou illustrés par ce jeu. — Don Juan d'Autriche et son échiquier vivant. — Opinion de Montaigne. — Charles XII à Bender. — Musset au café de la Régence ; ses distractions ; ses éclairs d'éloquence. — Il cherchait à surmonter sa faiblesse ; se crut même guéri mais trop tard. Abus des saignées. — Son effroi causé par l'arrivée d'un piano ; regrette ensuite qu'on en joue trop peu. Il devient sourd ; harmonies qu'il croit entendre ; ses compliments à une morte.

Comment et combien de temps aima-t-il Mme Kalergis ? Sans préciser davantage nous dirons que bien souvent là où Musset croyait aimer avec le cœur il était la proie de son imagination, de cette terrible imagination qui le rendait épris à toute heure, poursuivant un idéal qu'il ne pouvait atteindre. En regard de cette préoccupation constante qui possédait Alfred de Musset, il nous paraît curieux de citer, d'après Théophile Gautier, la théorie professée par Balzac comme le bréviaire de l'écrivain : travailler la nuit et le jour à perfectionner son œuvre « et vivre surtout dans la chasteté la plus absolue » pour favoriser le développement des facultés de l'esprit; restreindre infiniment le nombre des visites à la personne aimée, mais y suppléer par des lettres, parce que, disait-il, « cela forme le style ». Que si on lui citait de grands génies qui ne s'étaient aucunement privés de ce qu'il voulait proscrire, Balzac répliquait : « ils auraient fait bien autre chose sans « les femmes. » Il est bon de noter que Balzac a eu lui-même un roman commencé mystérieusement, mais couronné par le mariage.

Il est arrivé une fois à Alfred de Musset d'éprouver un amour chaste, un amour d'artiste pour une comédienne peu jolie et très vertueuse, Rose Chéri, dont il suivit chaque jour pendant un mois les représentations dans son rôle de Clarisse Harlowe.

La nouvelle de Frédéric et Bernerette avait été puisée dans le souvenir d'une grisette au cœur léger qu'Alfred avait aimée quelques instants. En écrivant cette histoire, il lui prit fantaisie d'en changer le dénouement, et de la terminer par le suicide de Bernerette. Arrivé à cette partie de son récit, ému de sa propre invention, il fondit en larmes en pensant à cette évaporée qui, depuis longtemps, ne pensait plus à lui. On a su depuis que Bernerette, après avoir circulé dans le monde galant et essayé à plusieurs reprises la carrière théâtrale, avait fini par se fixer à Marseille auprès d'un riche négociant qui avait assuré son sort en lui faisant quitter le théâtre.

Pour en revenir à Alfred de Musset, l'épisode de Mme Kalergis ne fut guère plus long que les autres. Elle revint vers la fin et voulut, comme une sœur de charité, — rôle qu'elle affectionnait, — s'asseoir au chevet du poète mourant; mais il refusa de la recevoir. Alfred refusa de même les soins de Mme L. C... qui cependant avait bien à cela quelques anciens droits. Mais elle avait eu le tort de prendre son rôle au tragique et de faire un drame d'une comédie passagère; elle faisait à Musset des scènes violentes, se précipitait dans ses bras avec des cris et des sanglots, ce qui l'ennuyait fort, car il voulait garder pour lui les plaintes et les larmes. Pour se délivrer de ces obsessions, il remit à son concierge le portrait que la dame lui avait donné, et lui dit : « Quand ce portrait reviendra, dites toujours que je suis sorti..., ou je quitte la maison. » L'effet de cette consigne fut cruel sur une femme ordinairement irascible ; cependant, ce qu'elle écrivit plus tard sur *lui*, après la mort du poète, prouve qu'elle ne lui en garda pas rancune.

Alfred de Musset avait deux ennemis terribles : une affection organique du cœur, et la triste habitude qu'il avait prise d'endormir dans une sorte d'ivresse ses chagrins et ses mécomptes. Sur ce dernier point, il y était arrivé par degrés, et l'on reconnaît comme un pressentiment dans cette strophe de *Namouna* (1832) :

Lecteur, si tu t'en vas jamais en Terre-Sainte,
Regarde sous tes pieds : tu verras des heureux.
Ce sont de vieux fumeurs qui dorment dans l'enceinte
Où s'élevait jadis la cité des Hébreux.
Ces gens-là savent seuls vivre et mourir sans plainte :
Ce sont des mendiants qu'on prendrait pour des dieux.
C'est le point capital du Mahométanisme
De mettre le bonheur dans la stupidité.

Cette idée l'avait frappé de bonne heure.

Il avait traduit de l'anglais, à 18 ans, les *Confessions d'un Anglais mangeur d'opium*, par Thomas de Quincey, où l'on décrit les sensations et les visions extraordinaires produites par l'abus de l'opium. L'auteur n'en dissimulait pas le danger pour les nerfs et le cerveau. Alfred de Musset ne s'en servit jamais pour lui-même, non plus que de la morphine, ce séduisant poison si employé aujourd'hui par une génération qui n'a plus le courage de souffrir, et qui, a dit Baudelaire, « voudrait se soustraire à la fatalité de la douleur, et se créer des paradis artificiels ». Mais les stupéfiants d'une autre espèce que notre poète adopta amenèrent, quoique plus lentement, des effets aussi funestes.

Avant d'arriver à cette torpeur qui sans éteindre son intelligence a étouffé son génie, Alfred de Musset avait inspiré sans le vouloir, à une jeune personne très riche, un enthousiasme tel qu'elle lui demanda de l'é-

pouser. C'était peut-être le salut pour lui;
la demoiselle était jolie, et sa physionomie
touchante ; mais il déclina un bonheur
qu'en conscience il ne pouvait accepter. « Ne
« voyez-vous pas, dit-il à cette jeune fille, ne
« voyez-vous pas que je suis un être usé, dé-
« truit physiquement et moralement. Allez
« Mademoiselle, unissez votre sort à un
« jeune homme qui puisse vous offrir des
« garanties d'avenir, car pour moi mon rôle
« est fini... » Le poète de l'amour humain
aurait-il su trouver l'amour dans le mariage
et y rester fidèle? Il est permis d'en douter;
son esprit inquiet n'aurait jamais pu se
fixer. Tel un bel insecte aux ailes d'or qui
voltige en bourdonnant au festin des noces
et vient se noyer dans la coupe préparée
pour les nouveaux époux.

Le scrupule d'Alfred de Musset partait
d'une âme loyale et bonne. Un soir d'hiver,
comme il regagnait, vers 11 heures, le nez

caché dans son manteau à cause du froid, la maison du quai Voltaire où il demeurait alors avec sa mère, il rencontre sur le pont des Arts un pauvre aveugle qui tournait mélancoliquement une serinette. Il en a pitié, mais il passe en resserrant les plis de son manteau, car la bise est glaciale, et, n'en déplaise à Talleyrand, le premier mouvement n'est pas toujours le meilleur. Arrivé à sa porte et au moment de frapper, Musset se dit que ce malheureux aveugle va peut-être rester là toute la nuit tant qu'il n'entendra pas des sous tomber dans sa sébille; Alfred retourne sur ses pas, va trouver l'aveugle et lui dit : tenez, mon brave, voilà 5 fr., mais allez vous coucher ; ce que le bonhomme fit aussitôt en remerciant du bienfait et du sage avis. Comme on disait ensuite à Musset que l'aumône était un peu forte : « Eh! comptez-vous pour rien, répliqua-t-il, « la nuit que j'aurais eue sans sommeil en

« pensant à ce pauvre diable grelottant sur
« le pont des Arts? »

Avec son admirable bon sens il était pour les autres de bon conseil. En 1848, un jeune homme habitant la Normandie, M. L... admirateur enthousiaste de Musset comme toute la jeunesse de son temps et brûlant de suivre ses traces, lui avait écrit pour obtenir la faveur de lui soumettre des essais poétiques intitulés : *Amour et fumée.* Ayant reçu une réponse très courtoise, il quitta sa province, sa famille et le commencement d'une carrière laborieuse, et accourut chez Alfred de Musset, quai Voltaire, dans un appartement fort élégant dépendant de l'hôtel du comte Vigier et où se révélait le goût des objets d'art. Il le trouva malade, sur une chaise longue, pâle, amaigri, l'air fatigué, encore beau cependant, mais ne laissant voir que de rares éclairs de gaieté bien qu'il fut entouré d'amis : Xavier Aubryet, Thureau Dan-

gin auteur de l'histoire de Louis-Philippe, et MM. de Tanlay. Musset reçut notre provincial avec une extrême politesse. Quand ils furent seuls, il écouta les vers du débutant sans rien dire ; plusieurs fois il se leva, s'approcha de la cheminée, poussa un bouton : un panneau s'ouvrait et laissait voir trois flacons de rhum, d'eau-de-vie et d'absinthe dont il prenait chaque fois un verre. La lecture terminée : « Jeune homme, dit Musset en
« montrant les flacons, vous voyez où j'en
« suis ! Écoutez bien mon conseil ; soyez
« magistrat, notaire, ingénieur, préfet..., ce
« que vous voudrez, mais ne soyez pas poète ;
« car c'est exalter sa sensibilité et se livrer à
« des émotions qui tuent ! » Le jeune homme suivit ce conseil, et il est aujourd'hui l'un des membres éminents de la Cour de cassation. On comprend que le poète, à la fin de sa vie, se défiât de la poésie qui avait été la compagne, sinon la cause de ses souffrances.

Alfred de Musset s'était passionné pour le jeu des échecs. Ce noble jeu, qui nous vient de l'Inde où son vrai nom *Shak* signifiait *jeu des Princes*, « celui des jeux, dit Voltaire, qui fait le plus d'honneur à l'esprit humain, » a été diversement apprécié par des hommes supérieurs. Pendant que l'on cite des amateurs illustres par eux-mêmes tels que Charlemagne, Louis le Gros, François Ier, et d'autres que le jeu même a illustrés, comme le musicien Philidor, champion français toujours vainqueur, La Bourdonnais et Des Chapelles ; sans oublier Don Juan d'Autriche, qui fit disposer le parquet d'un de ses appartements en échiquier sur lequel il jouait avec des figures vivantes réalisant ainsi une fantaisie rêvée par Rabelais dans Pantagruel...; d'un autre côté nous entendons le sage Montaigne déplorant que l'on dépensât tant de peine et d'attention sous prétexte de s'amuser. « Je « hay et fuy, dit-il, ce niais et puéril jeu, de

« ce qu'il n'est pas assez jeu, et qu'il nous
« esbat trop sérieusement; ayant honte d'y
« fournir l'attention qui suffirait à quelque
« bonne chose. » A ce jugement sévère du
grand philosophe, opposons un fait historique. Charles XII, vaincu à Pultawa et réfugié
chez les Turcs, eut dans son malheur pour
seule distraction le jeu des échecs, pendant
son long séjour à Varnitza, près Bender.

Alfred de Musset trouva aussi dans ce jeu
le double avantage de s'arracher honnêtement
à ses chagrins et de calmer ses souffrances
nerveuses. Cela l'avait attiré au Café de la
Régence, rendez-vous, depuis deux siècles,
des amateurs d'échecs, et où la proximité
du Théâtre-Français amenait des joueurs
sérieux. Quand il ne jouait pas lui-même il
paraissait suivre avec attention les parties d'é=
checs, restant des heures entières à regarder
les cases d'un échiquier ; mais bien souvent
sa pensée était ailleurs. Plongé alors dans ses

rêveries, il recommençait sa vie sans songer beaucoup à la rectifier, et il était tellement absorbé dans cette contemplation intérieure qu'il répondait à peine par de vagues monosyllabes aux questions des joueurs qui le prenaient pour arbître. On voyait alors que son esprit voyageait bien loin de là. Pourtant si une discussion littéraire s'engageait entre les personnes présentes et qu'une parole saillante vînt l'arracher à ses rêveries, il y répondait quelquefois par des échappées d'éloquence où l'on retrouvait le grand poète qui n'était qu'endormi dans son rêve. Quand les joueurs manquaient, Musset se faisait servir ce mélange de bière et d'eau-de-vie qu'il a rendu légendaire et qui est extrêmement dangereux.

C'est à tort cependant qu'on l'a représenté comme étant plongé dans un état qui l'aurait séparé de la liste des vivants. Jusqu'aux derniers mois de sa vie, il continua à voir quel-

ques amis qu'il charmait toujours par son esprit. Marmontel écrivait au sujet de Rousseau qu'il n'aimait pas : « ... Mais en géné-
« ral nous sommes indulgents pour qui nous
« donne du plaisir. Rousseau est traité
« comme la Madeleine : il lui est beaucoup
« pardonné parce qu'il a beaucoup aimé. »
C'était encore vrai pour Alfred de Musset, et l'on pouvait lui appliquer ce qu'il disait de Don Juan : « Que dis-je, tel qu'il est, le monde l'aime encore. »

Il avait honte de sa faiblesse et s'efforçait de la surmonter : à Mme Jaubert, qui le sermonnait à ce sujet, il répondait : « Ah ! ce qui « n'est qu'un mal n'en faites pas un vice ! » L'année de sa mort il vint chez Mme de F... tout rajeuni, l'œil brillant, et s'écria : « Me voilà guéri ! je ne fais plus la cour aux « femmes, et j'ai dit adieu aux stupéfiants » !

Si la conversion était sincère, elle arrivait trop tard, car il était déjà marqué pour la mort. Il avait eu en 1840 et 1844 deux fluxions de poitrine qu'on avait traitées par la saignée. Depuis lors, son médecin, disciple sans doute, du docteur Sangrado, avait eu souvent recours à ce moyen pour calmer ses crises nerveuses, et l'on a toujours pensé que l'abus des saignées a contribué à hâter sa fin. Les derniers vers que Musset ait écrits, en 1857, marquent le moment où il se sentit dépérir :

> L'heure de ma mort, depuis dix-huit mois,
> De tous les côtés sonne à mes oreilles.
> Depuis dix-huit mois d'ennuis et de veilles,
> Partout je la sens, partout je la vois.
> Plus je me débats contre ma misère,
> Plus s'éveille en moi l'instinct du malheur ;
> Et, dès que je veux faire un pas sur terre,
> Je sens tout à coup s'arrêter mon cœur.

Il demeurait alors rue de Monthabor, ayant quitté la rue Rumfort dans son humeur changeante, mais cette fois pour se rapprocher de son frère, qui demeurait rue des Pyramides.

Pendant sa dernière maladie, ou pour

mieux dire dans la dernière période de ses souffrances, Alfred de Musset se trouvait dans un état nerveux qui lui rendait tout bruit insupportable ; la musique même qu'il avait adorée le faisait tressaillir douloureusement. Un jour, comme il rentrait péniblement chez lui, il trouve dans l'escalier un piano que l'on apportait pour de nouveaux locataires. Saisi de terreur, Alfred se hâte de gagner sa porte et donne l'ordre de tout emballer et de partir, ne pouvant supporter le supplice d'un pareil voisinage. On réussit cependant à le calmer en lui assurant que sa voisine était une jeune fille malade qui certainement n'abuserait pas de son instrument. En effet, pendant une semaine le piano resta silencieux au point que le poète était presque impatient de ce silence. Enfin, le piano de la voisine fit entendre un doux murmure, puis de suaves mélodies qu'Alfred écouta avec plaisir ; il regrettait même de longs repos qui succé-

daient trop souvent aux fleurs musicales effeuillées à son oreille, il aurait désiré connaître sa jeune voisine ; il ne put que l'entrevoir et lui trouva l'air intéressant. Peu à peu le piano cessa de jouer ; en même temps, Alfred perdait par degré sa sensitivité car vers la fin il devint tout à fait sourd. Quand arrivèrent les heures d'agonie, il crut entendre de nouveau de délicieuses harmonies : « Écoutez,
« disait-il aux personnes qui l'entouraient:
« entendez-vous cette phrase de Beethoven?
« Comme cela est beau! et celle-ci qui est du
« divin Mozart, et cette autre de Chopin, de
« Schubert... » On le laissait dire. Il voulut faire complimenter la jeune pianiste, mais... elle était morte depuis trois mois.

CHAPITRE XII

Souvenirs destinés à ses amis. — Ses souhaits de richesse ; mais le charlatanisme lui répugnait. — Vœu de Balzac : « être célèbre et être aimé. » Alfred a été l'un et l'autre. Il a conquis la gloire à lui seul malgré les dédains de Lamartine, de Victor Hugo et de ses élèves. Explication ingénieuse de M. Legouvé. — Partout où l'on parlait le français, les poésies de Musset étaient dans toutes les mains. — Essais de traduction par deux poètes Russes. — Délices des amoureux de vingt ans ; ses poésies faisaient rêver même les adolescents. — M. Pierre Loti. — La petite fille du pêcheur. — Rêves du poète. — Ce qu'il aimait dans l'or. — Ses vers ont gardé après 50 ans toute leur fraîcheur. Bien vieillis au contraire les vers de la plupart de ses contemporains. Musset, avocat de l'amour, vivra autant que lui. — Reproches éloquents adressés par Lamartine au poète de la jeunesse, et à la jeunesse elle-même qui l'a si mal salué à son départ. — Son modeste convoi, personnages qui l'escortaient. — Enterrement solitaire de Stendhal. — Enterrement politique de Béranger. — Pensée de Montesquieu sur les obsèques, et sur le peu de prix de l'existence. Les hommes en général ne pensent pas ainsi.

Voyant la mort venir, il voulut laisser des souvenirs intimes à quelques amis, notamment à M. de Rességuier, à M. de Magnieu, à qui il donna le portefeuille à son chiffre dont il se servait habituellement, à Mme de F..., qui reçut la réduction si intéressante de la Marguerite de Schefer... Alfred de Musset n'était pas riche, et il en souffrait, car il avait toujours rêvé une large et brillante existence. Ainsi on l'entendait dire : « Je donnerais « et ma tête et ce qu'elle porte pour 80.000 « livres de rentes. » Quel marché de dupe il aurait fait là !

Malheureusement, il n'entendait rien à l'exploitation commerciale de ses œuvres; un grand poète est rarement doublé d'un homme d'affaires; Victor Hugo est une exception. Alfred de Musset avait une confiance naïve dans son éditeur, qui prétendait lui avoir fait sa réputation et l'avoir fait entrer à l'Académie. Après sa mort, ses héritiers appelèrent l'éditeur en règlement de comptes et réalisèrent sur les droits d'auteur des sommes considérables. Le succès d'argent avait manqué à Alfred de Musset ; il s'y prenait mal sans doute ; le charlatanisme lui répugnait et il est difficile de s'en passer quand on veut agir sur la foule. Balzac, dans sa jeunesse, écrivant à sa sœur Mme Surville, l'entretenait sans cesse de ses rêves de gloire littéraire : « Il ne lui faudrait, disait-il, que 1.500 francs de rente assurés, afin de pou- « voir travailler à sa célébrité. » Il lui écrivait encore : « Laure, Laure, mes deux seuls « et immenses désirs, *être célèbre et être* « *aimé*, seront-ils jamais satisfaits ? » Alfred de Musset n'en demandait pas tant, car il disait dans *après une lecture* :

Être admiré n'est rien; l'affaire est d'être aimé.

Cette pensée exquise trouva sa récompense en dehors de ses folles amours. Il ne dut sa renommée ni à la Presse, ni aux mandarins qui distribuent la gloire, ni aux camaraderies d'aucune École. Les élèves de

Victor Hugo parlaient de Musset avec un dédain stupéfiant, osant l'appeler, —ô sacrilège ! — un *poète amateur*. Le maître lui-même allait jusqu'à dire à M. Legouvé : « Vous mettez Alfred de Musset trop haut. « C'est un de ces artistes éphémères avec qui « la gloire n'a rien à faire, et dont la répu- « tation n'est qu'un caprice de la mode. » Si Victor Hugo a contesté la gloire de Musset, si Lamartine l'a d'abord dédaigné, M. Legouvé en donne une explication ingénieuse et acceptable. Chacun de ces grands génies avait sa manière propre de sentir et de concevoir le but de l'art. Ils ne se jalousaient pas, mais ils ne se comprenaient pas.

En dehors du point de vue purement littéraire, où la supériorité d'Alfred de Musset n'est plus contestée, si l'on considère l'élévation factice des idées et la portée morale de la poésie, on comprend que ses deux riveaux aient pu se croire d'essence divine, bien qu'ils ne fussent pas impeccables. Observons pourtant que Victor Hugo a beaucoup varié, et qu'il a été successivement et de plusieurs manières l'avocat de Dieu et l'avocat du diable. Nous dirons aussi que Lamartine a côtoyé des sujets scabreux, et n'a pas craint de compromettre la religion dans des scènes étranges, et la société ellemême dans les aventures révolutionnaires.

Alfred de Musset a plus de franchise et d'unité dans son œuvre. Il a toujours été l'avocat de l'amour, et c'est pourquoi la jeunesse s'était passionnée pour lui. Pendant que des romantiques obstinés lui marchandaient leurs éloges, ses vers étaient lus avidement par le public et surtout par les jeunes gens. Non seulement en France, mais à l'étranger, partout où l'on aimait la langue française, jusqu'en Russie et en Pologne, il n'y avait pas ville ni château où l'on n'eût pas entre les mains les poésies d'Alfred de

Musset. Et il en est encore ainsi. Nadson, excellent poète russe mort à Galata en 1887, avait une telle admiration pour notre poète que peu d'heures avant de mourir il se fit relire *la Nuit d'octobre*, et il récitait en même temps qu'on la lui lisait. Il avait traduit en russe quelques-uns de ces poèmes comme l'avait fait déjà Andrewsky ; ni l'un ni l'autre ne paraissent avoir réussi à faire passer dans la langue russe le lyrisme d'Alfred de Musset.

La langue anglaise paraît s'être mieux prêtée à l'appropriation de cette poésie. Le fils de Mme Oliphant, si connue en Angleterre par ses nombreux ouvrages de fictions et d'histoire, M. Cyril Oliphant, écrivain lui-même plein de promesse enlevé prématurément dans sa fleur il y a quelques mois, venait précisément de publier chez Blackwood, à Édimbourg, un petit volume : *Alfred de Musset and his works*, où les poésies sont finement analysées et même traduites en anglais avec un grand bonheur d'expression. La partie biographique est moins heureuse ; soit que les documents aient manqué au jeune critique, soit qu'il ait évité d'entrer dans des détails qui pouvaient à la fois choquer le *cant britannique* et altérer l'image trop flattée que quelques-uns conservent encore de l'héroïne « à la dure mâchoire » qui a occupé trop de place dans l'histoire d'Alfred de Musset. Grâce aux extraits traduits par M. Cyril Oliphant, les Anglais peuvent se rendre compte du génie du poète des *Nuits*. Quant aux autres langues, où l'adaptation n'a été faite qu'imparfaitement, Musset a profité de la diffusion de la langue française si générale principalement dans les pays du Nord, où on l'apprend même avant l'idiome national. On lisait donc partout ses vers ; on les savourait dans l'original. Les amoureux de vingt ans les lisaient ensemble.

Et même avant cet épanouissement de la vingtième année, l'harmonie délicieuse des vers, la verve et la bonne humeur saisissaient de toutes jeunes intelligences ouvertes au sentiment poétique. M. Pierre Loti, dans ses Souvenirs d'enfance, raconte qu'à l'âge de 14 ans, ayant pu lire quelques vers de Musset, il fut transporté d'anthousiasme. Un soir, après avoir lu *Don Paez*, il sortit seul par la ville :
« Dans les rues presque désertes et pas encore
« éclairées, des rangs de tilleuls et d'aca-
« cias fleuris faisaient l'ombre plus épaisse
« et embaumaient l'air. Ayant rabattu mon
« chapeau de feutre sur mes yeux, comme
« *Don Paez*, je marchais d'un pas souple et
« léger, relevant la tête vers les balcons, et
« poursuivant je ne sais quels petits rêves
« enfantins de nuits d'Espagne, de sérénades
« andalouses... » Rien n'est doux comme un rêve quand il entre par la porte d'ivoire.

Musset eut un jour à ce sujet une idée de

poète. Par un beau temps, il aperçut au bord
de la mer une petite fille blonde, enfant d'un
pêcheur sans doute, étendue sur le sable et
profondément endormie. « Ayant toujours
aimé cet âge à la folie, » comme il le dit dans
cette poésie si délicate qu'il a appelée *Une
bonne fortune*, il s'approcha doucement, et
sans réveiller l'enfant lui glissa une pièce
d'or dans la main. Qu'arrivera-t-il, se disait-il,
au réveil de la fillette ? Elle croira peut-être
que cette pièce d'or est un cadeau envoyé
par la bonne Vierge ?... Mais il partit une
heure après et ne put connaître les suites
de son essai dans le rôle de la Providence.
Alfred de Musset aimait aussi à rêver pour
son propre compte. Comme on lui parlait des
recherches de luxe décrites et en partie réali-
sées par Balzac, il répondait : j'ai tout cela
dans mon imagination ; je vois dans ma pensée, quand il me plaît, des magnificences qu'aucun tapissier, aucun décorateur ne saurait

égaler. Ce qui lui plaisait dans l'or, c'était la beauté du métal ; il aimait à le manier. « Il « avait, dit M. Claudin, horreur des gros sous, et quand il achetait quelque chose, des gants, ou des cigares, il laissait toujours l'appoint sur le comptoir. » Ne serait-ce pas aussi un trait de cette « misanthropie dédaigneuse » que note le même critique tout en reconnaissant la douceur, l'affabilité du poète, qui « ne parlait jamais de lui et ne contestait le « talent de personne ».

On ne saurait trop le remarquer : les fleurs poétiques du jardin d'Alfred de Musset, écloses il y a 50 ans, n'ont rien perdu aujourd'hui de leur fraîcheur. Que si on relisait maintenant ce que d'autres ont écrit à la même époque, on verrait comme cela a vieilli. Les vers de Musset, oiseaux charmants, voltigeront toujours sur les lèvres tant qu'il y aura sur cette terre des rêveurs, des cœurs enthousiastes et capables d'aimer.

La jeunesse était ravie d'entendre l'expression poétique de sentiments qui étaient les siens ; elle lui savait gré d'avoir chanté éloquemment le printemps et l'amour. C'est précisément ce que Lamartine lui a reproché, déplorant la séduction énivrante et funeste de ses poésies « qui flattent les passions et idéalisent la matière ». O jeunesse d'aujourd'hui ! s'écrie Lamartine, « jeunesse qu'il a
« faite, il est mort, ton poète ! Tu le pleures ;
« mais tu ne t'es pas même donné la fatigue
« d'aller jeter une feuille de rose sur son
« cercueil, ou de l'accompagner jusqu'au
« seuil de l'éternité, de peur de déranger une
« de tes paresses, ou d'attrister une de tes
« joies !... » Lamartine se souvenait bien d'avoir lui aussi chanté l'amour, mais il l'entendait ou le chantait autrement. Son amour est d'une nature plus éthérée, mais il est moins sincère que celui de Musset. Aussi suffisait-il d'un futile incident, d'un détail vul-

gaire de la vie réelle concernant son idole pour le désenchanter, et son roman à peine commencé s'évaporait sans laisser de trace. Très persuadé de sa supériorité en poésie, Lamartine effectait à cet égard une hautaine indifférence. « On se tromperait fort si l'on croyait
« que j'ai passé ma vie à écrire des vers ;
« la poésie n'était pour moi qu'une distraction
« passagère. Ce serait peu de chose d'être
« le premier poète de son pays, si l'on n'en
« devient pas le premier homme d'action. »
Assurément il eut une fort belle page dans sa carrière politique, quand, en 1848, il fit, au péril de sa vie, reculer le drapeau rouge. Mais n'avait-il pas contribué pour une grande part à l'état de choses d'où était sortie cette effervescence populaire que son éloquence avait domptée !

En tenant compte du génie respectif des doux poètes, il y a bien un peu de vrai dans ce que Lamartine dit de Musset. Il est également vrai que Musset n'eut pas les funérailles qui lui étaient dues. Un convoi de quatrième classe n'aurait pas choqué pour un poète, même pour un grand poète, s'il avait été entouré d'un nombreux cortège. Mais on n'avait rien fait pour appeler le public, de sorte que l'on comptait à peine une centaine de personnes derrière le cercueil qui emportait, le 3 mai 1857, notre grand poète à sa demeure dernière. C'était peu pour une telle illustration. Mérimée, en parlant de Beyle (Stendhal), rapporte que 3 personnes seulement dont il était assistaient à l'enterrement de cet écrivain. Son scepticisme se sent troublé et presque ému par cet oubli profond d'un homme qui avait marqué dans les lettres. A son avis, on se devait à soi-même d'aller lui dire adieu. Ce fut un vif regret pour Musset, malade depuis quatre ans et souvent alité, de ne pouvoir suivre le cercueil de son ami Alfred Tattet qui mourut trois mois avant lui. « Du reste, disait-il, ce qui est différé n'est pas perdu. » Et ses yeux étaient pleins de larmes.

Le deuil du poète était conduit par son frère Paul. Les cordons du poêle étaient tenus par Villemain, Vitet, Alfred de Vigny et Empis. Méry, qui a décrit cette cérémonie, cite parmi les personnes présentes M. Camille Doucet, représentant l'Académie, Lamartine, Alexandre Dumas, Théophile Gauthier, Émile Augier, Ponsard... La Maîtrise de Saint-Roch avait tenu à embellir par la musique l'humble catafalque, et une grande messe chantée ajouta à la prière l'émotion et le charme qui convenaient à un poète harmonieux par excellence vivement épris de la musique. C'était comme la continuation des délicieux concerts qu'il croyait entendre dans les rêveries maladives de ses derniers jours. Deux mois plus tard, un autre poète, le chansonnier Béranger, quittait ce monde avec plus d'éclat : 100.000 personnes regardaient passer son convoi. Quel contraste entre les deux cérémonies si disproportionnées ! Il est vrai qu'en Béranger c'était l'homme politique plutôt que le poète que la foule saluait.

Montesquieu, dans ses *Lettres Persanes*, fait dire à Usbek : « Je voudrais bannir les « pompes funèbres; » nous serions assez de cet avis; cela éviterait les erreurs si fréquentes des apothéoses. Mais quand il ajoute : « Il faut pleurer les hommes à leur « naissance et non pas à leur mort, » on peut lui opposer les fables d'Ésope et de La Fontaine, où l'on voit un pauvre diable accablé de misère et pourtant heureux de vivre ! Des malades torturés par la souffrance appellent quelquefois la mort. Mais au fond ils voudraient malgré tout prolonger leur triste et douloureuse existence.

CHAPITRE XIII

Tombeau d'Alfred de Musset ; vers qu'on y a gravés quelques omissions dans les œuvres inscrites. — Musique mise en vers et vers mis en musique. — Nombreux compositeurs qui s'inspirent de ses poésies. — Nombre de représentations de ses comédies et proverbes ; chiffres très éloignés des succès populaires. — Ses œuvres traduites dans toutes les langues. — Hommage pariétaire et statues. — Résumé de l'éloge prononcé par Vitet ; atténuation des conséquences morales de l'œuvre. — Le moins imitable des poètes. — Conférence Lissagaray ; jugement partial d'un ami de Victor Hugo. Rôle de l'esclave avertisseur dans les triomphes de l'ancienne Rome.

Le tombeau d'Alfred de Musset au Père-Lachaise porte la date de 1858. On a gravé au-dessous de son buste en marbre ces vers charmants qu'il écrivit en 1835, alors qu'il croyait avoir de longues années devant lui

> Mes chers amis, quand je mourrai,
> Plantez un saule au cimetière.
> J'aime son feuillage éploré,
> La pâleur m'en est douce et chère,

> Et son ombre sera légère
> A la terre où je dormirai.

Un saule souffreteux ombrage légèrement le monument funèbre ; à droite et à gauche sont inscrits quelques titres d'œuvre, mais le choix en est assez bizarre. On y voit en tête *Mardoche*, *un Caprice*, son premier succès de théâtre sans être sa plus belle comédie, *Lorenzacchio*, qui n'a pas eu les applaudissements du public..., et l'on y cherche en vain *l'Espoir en Dieu*, ce qui fait croire que les aspirations religieuses du poète n'avaient pas l'approbation de l'auteur du petit monument ; rien non plus du *Souvenir* ni d'autres pièces de premier ordre. Sur le revers de la tombe, on lit la dernière strophe de *Rappelle-toi*, qu'il avait adaptée, en 1842, à la musique de Mozart :

> Rappelle-toi, quand, sous la froide pierre,
> Mon cœur brisé pour toujours dormira ;

Rappelle-toi, quand la fleur solitaire
Sur mon tombeau doucement s'ouvrira.
Je ne te verrai plus ; mais mon âme immortelle
Reviendra près de toi comme une sœur fidèle.
Écoute dans la nuit
Une voix qui gémit
Rappelle-toi.

Cette adaptation d'une poésie nouvelle à une composition musicale existante est, croyons-nous le seul essai de ce genre que Musset ait tenté. En revanche, beaucoup de compositeurs ont écrit de la musique avec plus ou moins de succès sur des poésies de Musset. On a compté 150 compositions gravées parmi lesquelles on remarque les noms de Bizet, Monpou, Reber, Ambroise Thomas, Gounod, Braga, Delibes, Offenbach, Guéroult, Godard, Diémer...; sans compter la comédie de *Fantasio*, mise en opéra-comique par Jacques Offenbach.

On a relevé le nombre des représentations obtenues par les différentes comédies de

Musset et l'on a constaté que les plus favorisées comme *Un caprice, Il faut qu'une porte..., Il ne faut jurer de rien, On ne badine pas avec l'amour*, ont été jouées 200 à 350 fois. Il y a loin de là aux succès populaires du *Pied de mouton*, de *la Biche au bois*, des *Pilules du diable*, de *la belle Hélène*, qui se chiffrent par milliers de représentations. Cela s'explique par le nombre relativement restreint des esprits cultivés ayant le goût des belles-lettres. Les poésies et comédies d'Alfred de Musset ont été pour la plupart traduites en anglais, en allemand, en italien, en espagnol... Des artistes de talent ont orné ses œuvres de figures : Eugène Lami en a fait 57, Bida 28, Pille 42.

La ville de Paris a donné récemment le nom d'Alfred de Musset à une rue située à l'extrémité d'Auteuil, rue composée de deux tronçons qui ne se suivent pas et qu'on pourrait appeler rue de l'avenir, car elle ne compte encore que deux ou trois mâsures mal alignées et des terrains servant de dépôts d'immondices. Voilà ce qu'on a osé dédier à notre grand poète : ce dandy si raffiné regarderait cela comme une injure ! Cette rue va de la rue Jouvenet à la rue Boileau. Le hasard rapproche ainsi des noms qui n'ont guère de rapports avec Alfred de Musset : d'une part, un peintre plus remarquable par sa fécondité que par la légèreté de la touche ; d'autre part, le législateur du Parnasse Français, qui s'affaroucherait du voisinage, si notre poète ne pouvait lui présenter ses derniers ouvrages où il parle une langue d'une pureté et d'une douceur incomparables. Une plaque commémorative a été placée à Paris, rue de Monthabor, 6 :

> Alfred de Musset,
> né à Paris
> le 11 Décembre 1810,
> est mort
> dans cette maison
> le 2 Mai 1857.

A l'Hôtel-de-Ville, la statue en pierre d'Alfred de Musset occupe une des niches de ce *pandémonium*, assemblage incohérent de personnages qui ont marqué leur passage par le bien ou par le mal. Elle se trouve à l'angle sud-est de l'édifice, et montre Musset tête nue, la redingote boutonnée, une main dans la poche de son pantalon, un manteau sur l'autre bras, avec son chapeau et une badine à la main. La tête paraît amoindrie, la mine dédaigneuse. L'exécution en est lourde étant faite pour être vue de loin. C'est de la sculpture d'ornementation. Une autre statue, plus étudiée, pour être vue de plus près, est en voie d'achèvement dans l'atelier du sculpteur Granet ; les frais en ont été fait par souscriptions. Le poète est représenté debout sur un piédestal, au bas duquel la jeunesse tient des palmes et des couronnes. L'emplacement n'a pas encore été décidé. Notre grand poète avait bien droit à de tels hommages, un peu dépréciés par l'abus qu'on en fait tous les jours.

Quel que soit le talent du statuaire, il ne peut rendre que l'homme extérieur, ses traits et son attitude. Quant au *poète*, nous ne pouvons mieux le résumer qu'en citant les belles et justes paroles de M. Vitet dans sa réponse à M. de Laprade, successeur d'Alfred de Musset à l'Académie, et particulièrement sa double comparaison qui nous ramène à ce que nous avons dit au début de notre étude :

« ... Chez ses rivaux de gloire, on trouvera
« sans doute plus d'abondance et plus d'am-
« pleur, plus de puissance, un souffle plus
« continu ; mais personne, de nos jours,
« n'aura possédé comme lui l'inspiration
« soudaine, la verve inattendue et les déli-
« catesses de la forme, ces trésors vraiment
« helléniques qu'avait connus André Ché-
« nier, sans en pénétrer ainsi les plus inti-
« mes secrets. C'est une suavité, une sobriété

« de lignes, une justesse de coloris, une
« finesse de ciselure, qui n'ont d'exemples
« dans notre langue qu'à notre meilleure
« époque et chez nos grands modèles. Main-
« tenant est-il donc vrai que ce charmant
« esprit, ce poète enchanteur si cher à notre
« jeunesse, soit cependant pour elle un ami
« dangereux ? Est-il vrai qu'il l'ait desséchée
« au souffle de son ironie, que cette lan-
« gueur morale, dont par malheur nous
« voyons les effets, soit entrée dans ces jeu-
« nes âmes avec le parfum de ses vers? As-
« surément je ne voudrais pas dire qu'à res-
« pirer cette poésie on sente sa poitrine,
« comme à l'air des montagnes, se fortifier
« et s'élargir; je ne la crois pas faite pour
« créer des héros ; mais tant d'autres causes
« plus graves et plus certaines nous ont valu
« le mal dont on se plaint, qu'en vérité je
« n'ai pas le courage de faire peser sur une
« pauvre muse de si lourdes responsabilités.

« S'agit-il de son œuvre ? Il est très vrai que
« les esprits frivoles y trouvent leur pâture ;
« mais que de pages où peut s'arrêter et se
« plaire l'œil le plus chaste et le plus sérieux !
« Ce n'est pas là qu'est le danger : il est
« plutôt dans ce bonheur étrange, dans cette
« incroyable fortune d'avoir sauvé son talent,
« de l'avoir vu grandir en s'exposant à des
« tourmentes où tout le monde aurait som-
« bré... Aujourd'hui, pour aller à la gloire
« on se rassasie de plaisirs... Ce que Dieu n'a
« daigné permettre qu'à force d'indulgence,
« on le réclame comme un droit. »

On ne saurait nier le danger que signalait M. Vitet. Mais, à ceux qui seraient tentés d'imiter l'*Enfant du siècle* et qui croiraient pouvoir comme lui trouver la gloire au milieu des plaisirs nous dirons avec M. de Laprade : « Alfred de Musset est le moins imi-
« table des contemporains. On ne saurait
« copier la spontanéité et la jeunesse... Mal-

« gré l'art quelquefois très recherché de son
« style, c'est à la verve entraînante qu'on le
« reconnaît. Ses vers ne semblent pas com-
« posés, mais trouvés ; on dirait qu'ils sont
« tombés dans sa main comme des médailles
« toutes frappées et tirées pour lui seul des
« plus rares trésors de l'imagination et du
« langage. » On peut ajouter enfin un suffrage qui a son prix. Feu Barbey d'Aurevilly, ce critique sévère, disait dans ses derniers moments à une de nos amies : « Je
« donnerais tout ce que j'ai écrit pour un
« seul vers d'Alfred de Musset. »

Pour que rien ne manquât à sa gloire Musset eut des détracteurs même après sa mort. En 1864, M. Lissagaray fit une conférence qui n'est qu'un violent réquisitoire contre le poète de la jeunesse qu'il appelle le poète de la débauche. Sans nier absolument la séduction qu'il exerce, il déplore « que la nature aveugle ait égaré sur lui ses faveurs », et il

veut qu'on le repousse comme un homme
sans opinions, sans convictions, sans principe,
qui se permet de railler le socialisme et n'a
jamais compris que « nous sommes tous solidaires dans nos joies comme dans nos souffrances... » et sans doute dans nos crimes ?
L'orateur a oublié de le dire. Il s'indigne de
la haine que suivant lui Musset portait à Victor Hugo, ce qui prouverait que le conférencier n'avait pas lu le sonnet écrit pour fêter
le rapprochement qui se fit en 1843 entre les
deux poètes après une séparation qui ne fut
jamais de la haine, car Musset ne haïssait personne. Au surplus, il est bon de constater
que cette conférence souleva dans l'auditoire
les plus vives protestations. Mais ne fallait-il
pas qu'une dissonance se produisît dans l'admiration générale, comme pour rappeler le
rôle de l'esclave qui, dans les triomphes de
l'ancienne Rome, accompagnait le triomphateur en murmurant à son oreille : « Souviens-toi que tu es homme. »

OEUVRES INÉDITES

Les œuvres d'Alfred de Musset restées inédites pourraient encore former un gros volume si on les publiait, mais il n'aurait rien à y gagner, car ce sont des fragments sans intérêt, ou des écrits que l'auteur lui-même, au dire de son frère Paul, n'a pas jugés dignes de lui. Une tendance trop commune aux éditeurs est de réunir et de publier sans choix les moindres ébauches laissées par un grand poète ; ceux qui ont le soin de sa renommée devraient se montrer plus difficiles. Peut-être même fallait-il restreindre davantage les œuvres qu'on a publiées. Sans doute un tel choix est chose délicate. Mais on avait pour cela une sorte de *criterium*. Suivant la remarque de M. Paul Bourget : « Chaque poète a son âge de ma-
« turité après lequel ses passions tournent à

« la manie : Alfred de Musset et lord Byron
« furent des génies de vingt-cinq ans. » Ce
n'est pas le nombre des œuvres qui consacre
une gloire. Un mince volume a suffi pour
placer La Rochefoucauld au premier rang
des écrivains français ; il en est de même de
poètes tels que Malherbe, André Chénier,
dont les œuvres sont renfermées dans un
seul volume. Un relevé bibliographique fait
par M. Maurice Clouard mentionne 112 morceaux inédits, ou perdus après avoir été in-
sérés dans divers journaux. Nous citerons
notamment les suivants :

Un rêve, ballade, dans *le Provincial*,
journal de Dijon, le 31 août 1828. C'étaient
ses premiers vers qui eussent été publiés.
Ce fut une grande joie pour lui de se voir
imprimé à 18 ans.

L'Anglais mangeur d'opium, traduit de
l'anglais de Thomas de Quincey et augmenté
(1821-1828).

La quittance du diable, pièce en trois tableaux reçue en 1830 au théâtre des Nouveautés où elle devait être jouée par Bouffé. La révolution l'empêcha.

*Les derniers moments de François I*ᵉʳ ou *Ango*, fragment de drame paru d'abord dans un keepsake en 1831, puis dans *l'Artiste*.

Sonnet à Georges Sand, 1833, reproduit plusieurs fois dans les journaux.

Chanson de Stenio, écrite pour *Lélia*, de Mᵐᵉ Sand (1833).

Stances à Georges Sand, en 1834, reproduites dans *le Figaro*, en 1882. C'était un adieu définitif :

> Porte ta vie ailleurs, ô toi qui fus ma vie !
> . . . .
> Je croyais au bonheur et toute ma souffrance
> Est de l'avoir perdu sans te l'avoir donné.

Le Poète déchu ou *le rocher de Sisyphe*, roman en prose qui devait paraître dans la *Revue des Deux-Mondes* en 1840. Le poète reconnut lui-même qu'il s'y trouvait trop d'allusions personnelles ; il en brûla la plus grande partie et défendit de publier le reste. Dans ce que l'on en connaît il raconte qu'au sortir d'un long égarement il fit un autodafé de souvenirs et de portraits, on devine lesquels, qui lui parurent hideux !

Stances à la Sœur Marcelline (1830), données dans *la France*, 21 mars 1882.

Vers écrits sur la muraille à l'*Hôtel des Haricots,* prison de la garde nationale en 1843, reproduits dans le *Moniteur Universel du soir*, le 3 février 1867 :

> Ceux à qui ce séjour tranquille
> Est inconnu
> Ignorent l'effet d'une tuile
> Sur un mur nu.
> Je n'aurais jamais cru moi-même,
> Sans l'avoir vu,
> Ce que ce spectacle suprême
> A d'imprévu.
> C'est une belle perspective
> De grand matin.

Que des gens qui font la lessive
Dans le lointain.

Les frères Van-Buck, légende allemande dans *le Constitutionnel* du 27 juillet 1844.

L'habit vert, proverbe en un acte, avec Émile Augier, 1848.

Le chant des amis, musique de M. Ambroise Thomas, 1852.

Stances à Mme Ristori, 1853 : « Pour Pauline et Rachel j'ai chanté l'Espérance. »

A Mme Augustine Brohan, madrigal : « Adieu, Brohan, rapportez-nous vos yeux. » Hélas !

Ces beaux yeux si parlants sont maintenant voilés !

Sur Gustave III, compte rendu de la pièce.

Rue Saint-Honoré, comédie en prose (fragments).

Des *Stances* et *Sonnets* à diverses personnes, mentionnés dans les catalogues d'autographes.

Des lettres qu'on publiera peut-être un jour. Alfred de Musset n'était pas avare de ses lettres. Celles que l'on connaît sont d'un tour vif et charmant; ses lettres à Mme Jaubert étaient extrêmement gaies; on voudrait qu'on en eût publié un plus grand nombre..., mais cela n'était peut-être pas possible.

TABLE DES MATIÈRES

CHAPITRE PREMIER

Nos trois grands poètes modernes. — Lequel est le premier ? — Alfred de Musset à ses débuts traité d'écervelé. — Comparaison avec Lamartine et Victor Hugo. — Le lyrisme et l'esprit : rareté de leur association. Alfred de Musset avait ce privilège. — Poète de la jeunesse ; ses affinités avec elle. — Admiré d'abord, puis déprécié par Sainte-Beuve ; critique fausse et injuste : pourquoi ? — Divers portraits de Musset. — Distinction de sa personne ; recherche de sa toilette dès le collège ; souvenirs de ses condisciples Pontmartin et Haussmann. — Dandysme reproché par Eugène Lami. — Les fils de Noé. — Insuccès au Jockey-Club. — D'Alton Shée ami ou camarade ? — Extrême amabilité de Musset avec les femmes. — L'époque brillante, seule à considérer quand les défaillances sont restées dans l'ombre. — Alfred de Musset fait tout connaître. — Rapprochement et différences avec Jean-Jacques Rousseau. — Impatience habituelle excessive........ 1

CHAPITRE II

La Confession d'un enfant du siècle n'est qu'une peinture de mœurs. — Lettre de Musset à Listz sur le caractère de ce livre. — Génération contemporaine portée aux lamentations. — Enfance de l'abbé Gratry racontée par lui-même. — Danger des confessions de Musset : Absorption de l'âme par l'autre. — Sens complexe du mot *amour* ; sentiment et sensation. — Disposition maladive du système nerveux surexcitée par diverses intimités de femmes. — Mme Sand ; sa liaison précédente avec Sandeau. — Voyage en Italie ; jalousie rétrospective d'Alfred ; noyade à Venise ; rupture et désespoir. — Rencontre des deux anciens rivaux au pied des barricades, quatorze ans après. — Mme Sand vouée aux paradoxes et aux passions factices. — Instinct du théâtre par transmission d'origine. — Jugement de Chateaubriand que la suite n'a pas confirmé. — Mme Sand reste hostile à la religion chrétienne. Son paradoxe sur Job. Elle approuve l'ex-père Hyacinthe Loyson ; son opinion entre la *discrétion* et la *continence*. — Son portrait par Henri Heine. — Autre par le baron Haussmann ; elle est généralement taciturne et ne dit rien de saillant ; sa réponse à Bernard Potocki ; elle observe et recueille pour ses écrits ; apologue *d'un merle blanc*. — La passion d'écrire égale celle de parler. — Ténacité des sentiments inspirés par Mme Sand ; diversions vainement tentées par Alfred. — Récriminations réciproques, soutenues après sa mort par Paul de Musset. — Alfred plus modéré................... 19

CHAPITRE III

Quand Musset atteint la maturité, il chante encore la jeunesse pour la prolonger par la pensée. — Vers de Georges Browning ; il faut toujours aimer. Application de ce précepte par Alfred de Musset. — Ses excès ne l'aveuglaient pas ; ses vers contre la débauche. — Sa poursuite de l'absolu en toute chose ; essai de plusieurs carrières ; essai de plusieurs amours ; déceptions et diversions noctambules ou dangereuses. — Engourdissement du poète suivi de superbes réveils : apostrophe de Franck à l'or. — L'homme et le poète ; mot de

TABLE DES MATIÈRES 273

M. Zola ; pensée de lord Lytton. — Les douleurs de l'âme élèvent le talent. — L'élégie prend avec lui plus de vigueur et une forme nouvelle. — Musset, naturellement gai, aime la vie de famille, son refuge dans les orages. — Ses gaîtés interrompues par l'inspiration. — Il aimait le soleil et les grandes lumières. — Ses instincts d'élégance ; son origine nobiliaire. — Ses amis préférés français et étrangers. — *Les lions ;* les *cocodès* ; les *viveurs* ; Alfred Tattet. — Le café Tortoni et le café de Paris centre de la vie élégante. — Moyen de concilier l'économie avec l'élégance. — Prodigue à l'occasion, il a horreur des dettes, comme Mme de Sévigné ; crainte de la mort comme elle.................. 45

CHAPITRE IV

Caractère et tendances d'Alfred de Musset dès le collège. — Son entrée au *Cénacle*. — Gages de son affiliation, — Ballade à la lune. *Le point sur l'i ; tarte à la crème.* — Accueil un peu froid des chefs. — Lamartine ne voit rien hors de lui-même ; il ne connaît pas Béranger ; sa naïveté sur des vers dont il se croit l'auteur. — Alfred de Vigny d'abord hésitant adopte Musset. Lettres (inédites) de remercîment du poète. Il plaint les artistes qui meurent en route. — Son admiration pour Victor Hugo, Ses réserves au sujet des rimes riches. — En 1833 il quitte l'École romantique et reprend sa liberté. — Sa vigilance sévère pour la correction des copies. — Ses paroles de contrition et ses hommages à la belle langue française. — Stances à Charles Nodier, souvenirs des jeunes années et des espiègleries poétiques ; Mlle Marie Nodier. — Le salon de l'Arsenal ; simplicité des habitudes ; réunion des célébrités nouvelles. — La table d'écarté et la bassinoire de Nodier. — Liaison de Musset avec le duc de Chartres ; sa ressemblance avec ce Prince ; la distinction des manières les rapproche : aveu de d'Alton-Shée. — Après 1830, l'amitié du Prince continue ; présentation aux Tuileries ; singulière méprise du roi. — Alfred nommé bibliothécaire du Ministère de l'intérieur. — Mort du duc d'Orléans ; hommage antérieur d'Henri Heine. — Stances de Musset.. 65

CHAPITRE V

Une faute de tact ou d'étiquette. — Rapports toujours distants avec les Princes. Inconvénients pour eux de l'éducation publique. Avantage des rangs dans une société. *Le Prince citron.* — En 1848, Ledru-Rollin enlève son emploi à Alfred de Musset. Intervention tentée vainement en sa faveur ; pourquoi ? — Ses scrupules ; lettre à Mme de Girardin. — Utilité de certaines sinécures pour des écrivains distingués. — Alfred de Musset peu assidu est menacé de révocation ; réponse généreuse du ministre, comte Duchatel. — L'Empire restauré ; Napoléon, plus ami de la prose que des vers, a peu encouragé les poètes de son règne ; la Monarchie faisait plus pour eux sans grande reconnaissance. Epoque fertile en illustrations. — Alfred retrouve sa place ; très admiré par l'impératrice ; — Lectures à Compiègne. Il écrit le songe d'Auguste. Pourquoi il ne peut célébrer la naissance du Prince Impérial. — Fidèle en amitié ; on donne une marque à Emile Augier. — Une soirée chez Mme de Girardin ; chanson de Becker sur le *libre Rhin Allemand ;* réponse conciliante de Lamartine. Boutade patriotique de Mme de Girardin. Musset s'en empare et improvise sa réponse : *le Rhin Allemand.* — Mémoire prodigieuse de Victor Hugo ; conseils qu'il veut donner à Musset ; réponse de celui-ci. — Rigorisme de Victor Hugo en fait de rime. — M. Paul Bourget et la nouvelle théorie de la rime par les assonances. Séparation prolongée d'Alfred et de Victor Hugo. Rapprochement fêté par un sonnet........ 89

CHAPITRE VI

Liaison avec Rachel. Musset n'aimait pas d'abord la tragédie ni les périphrases qu'elle comporte; ses plaisanteries à ce sujet devant Rachel. — Elle lui fait aimer Racine. Brouille et raccommodement; joli mot de Rachel. — Sa beauté acquise à force de volonté. Fait observé par Pradier. — Rachel se forme elle-même au ton de la meilleure société. Traitée avec distinction à l'*Abbaye-aux-Bois*; elle a une cour de hauts personnages. Les femmes même la considèrent. — Son esprit incisif et original, son désintéressement relatif. Sa bague aux enchères; rôles que lui promet Alfred. — Il rend la bague. — Rachel née antique craignait d'altérer la pureté de sa diction. — La *Marseillaise* en 1848. — Son besoin d'applaudissements, changements judicieux qu'elle demande à l'auteur de *Médée*. — Comment Alfred de Musset plaisait à Rachel; mobilité de physionomie. — Rachel et la duchesse de Berwick. — Alfred se défiait des règles théâtrales; qualités pouvant y suppléer. — Insuccès de la *Nuit Vénitienne*; incident bizarre qui y contribue. — *Spectacle dans un fauteuil*; ses comédies charment les lecteurs de la Revue, mais sont réputées injouables. Paul de Saint-Victor les jugeait autrement. — Mme Allan; vers de M. Camille Doucet. Elle crée le *Caprice* à Saint-Pétersbourg. — Lettre de Mme Arnould Plessy sur les comédies de Musset. — Lettres de Mme Sand à Mme Plessy. — Les comédies de Musset, tout en lui offrant des ressources nécessaires, appellent l'attention sur ses poésies... 105

CHAPITRE VII

Influence des traditions alternativement voltairiennes et pieuses. — Aspirations religieuses dans *Rolla*, plus accentuées dans *l'Espoir en Dieu*. — Revue des différents systèmes de philosophie. — Effort sublime pour connaître Dieu. — Vers cités dans une chaire chrétienne. — Ce que peut faire la vue d'un crucifix. — Elévation et respect au Dieu des malheureux. — Livres favoris de Musset en voyage. — Devoirs religieux de ses serviteurs. — La sœur Marceline. — Récit de l'abbé de Mauléon. — Vision des obsèques théâtrales de Victor Hugo. — *La Nuit de mai ; la Nuit de décembre ; la Nuit d'août ; la Nuit d'octobre*. Quelques vers suffisent pour rappeler le reste. — Projet d'une 5me nuit. — Henri Heine comparé à Alfred de Musset ; même mélange de sarcasme et de pathétique avec moins d'élévation. — Heine savoure la politesse française. — Sa réplique au *Rhin Allemand* de Musset. — Rapprochement de leur état de souffrance. Comparaisons littéraires plus hautes. — Modestie d'Alfred pensant désarmer l'envie. — Ses comédies dans la *Revue de Deux-Mondes*, marchepied pour l'Académie. — Ses obstacles et ses appuis. Mme d'Arbouville ; son origine, ses talents ; sa laideur et beauté de son âme. — Salons de cette époque, influents sans aucune recherche de luxe. — La duchesse de Castries et sa cour. Musset y joue ses proverbes. — Petits dîners ; leurs avantages. — Salon de Mme d'Arbouville. Appui donné par Mme Ancelot. — Mme Mélanie Waldor ; salon contre salon.................................... 129

CHAPITRE VIII

Aventure d'un chien de rencontre ; à quoi tient un succès académique. — Séance de réception de Musset à l'Académie ; affluence considérable ; lutte courtoise entre les deux Ecoles. Musset s'excuse des exagérations de ses premiers ouvrages, sans renier ses maîtres. — M. Nisard champion autorisé des doctrines classiques. — Eloge de Dupaty ; défense ingénieuse de l'Opéra-Comique. — Alfred de Musset aurait pu être un grand critique; il refuse de s'engager. — Détour qu'on emploie pour le forcer d'écrire. — Il se passionne pour les étoiles. — Son admiration pour Mme Malibran; elle meurt des suites d'une chute de cheval; Musset change et poétise sa mort, mais dépeint son talent avec vérité. — Vers qu'il disait avec emportement comme un cri de révolte contre le sort; écho du sentiment des contemporains. — Après la Malibran, sa sœur Pauline. — Merveilles du phonographe. — Musset refuse d'écrire sur la politique, dont il se moque. — Il fait pour la Revue le *Salon de* 1836; c'est le genre de Diderot avec une main plus légère; son penchant à l'indulgence. — Plaire à la foule et aux connaisseurs. — Boutade de David sur l'impuissance de la peinture: — Tableau de Charlet : *la Retraite de Russie.* Tableau de Léopold Robert : *les Pêcheurs.* Suicide de ce peintre.... 163

CHAPITRE IX

Souvenirs antiques de son voyage en Italie. Sa visite au Louvre éclairé aux flambeaux. — Privations pour un tableau. — Deux poètes épris de *la Marguerite* de Schefer. — Pensée de Caro sur ce type de candeur. — Le goût de la peinture et le coloris en poésie. — Talent d'Alfred pour la caricature; ses inconvénients. — La princesse Belgiojoso; sa beauté romantique. — Musset dessine sa caricature; échange de paroles mordantes. — Version de M. Chenavard; Musset et Mignet. — Idée de mariage avec la fille de Malesville; Pétrarque et Laure. — Esprit cultivé de la princesse Belgiojoso; ses talents, ses excentricités, sa recherche de l'effet; son amour de la musique. Poursuivait avec son mari la pensée de l'affranchissement de l'Italie. Ses relations avec le parti libéral français. — Le prince Belgiojoso musicien et conspirateur. — Lettre de Musset à Listz sur ce prince; leur intimité; funeste exemple d'intempérance. — Enthousiasme d'Henri Heine pour la princesse; sa décadence. — Les femmes politiques. — Mme Jaubert marraine de Musset; plaisantes lettres à elle adressées par le poète. — Morale facile, mais pratique.. 179

CHAPITRE X

Mme Kalergis, née Nesselrode. — On distingue dans les hautes classes deux sortes de Polonaises : l'une vraiment grande dame; son caractère, son amabilité, ses entraînements, ses caprices, son goût pour le surnaturel, ses visions; parfois véhémentes mais généreuses, et toutes en dehors. — La comtesse X... au lit de mort de son mari. Leur patriotisme. Mot historique de la grande-duchesse Constantin. — Mort héroïque d'Emilie Plater. Groupe de noms illustres. — Seconde sorte de dame polonaise; vouée à la lutte, elle s'insinue et s'impose; ses moyens d'action. — Mme Kalergis, grande dame Polonaise, occupe la pensée d'Alfred de Musset. Son portrait par un compatriote; son grand talent de pianiste; par elle, Musset connaît le grand poète Krasinski qui traduit plusieurs de ses poésies. — Analyse du poème de Krasinski, *l'Infernale comédie;* le monde ancien sur le point de périr sauvé par l'éclatante lumière du Christ. — Traduction d'un fragment de Krasinski. — La société Polonaise se livre passionnément aux expériences de magnétisme; Alfred y croit peu. Il s'adonne à la phrénologie... 201

CHAPITRE XI

Amour vrai ou imaginaire. — Théorie de Balzac sur la chasteté, régime de l'écrivain. — Frédéric et Bernerette, anecdote personnelle changée au dénouement. — Le cœur refroidi ne se rallume guère. Musset refuse les soins d'anciennes amies. Le portrait-signalement. — Deux ennemis du poète : une cardialgie organique et l'emploi des stupéfiants avec leurs séduisants mais dangereux effets. — *L'Anglais mangeur d'opium.* — Refus d'un mariage par délicatesse. — L'aveugle et la serinette; le premier et le second mouvement. — Un futur magistrat qu'il détourne de sa chimère poétique. — Le jeu des échecs; son origine. — Amateurs illustres ou illustrés par ce jeu. — Don Juan d'Autriche et son échiquier vivant. — Opinion de Montaigne, — Charles XII à Bender. — Musset au Café de la Régence; ses distractions; ses éclairs d'éloquence. — Il cherchait à surmonter sa faiblesse; se crut même guéri mais trop tard. Abus des saignées. — Son effroi causé par l'arrivée d'un piano; regrette ensuite qu'on en joue trop peu. Il devient sourd; harmonies qu'il croit entendre; ses compliments à une morte.................. 219

CHAPITRE XII

Souvenirs destinés à ses amis. — Ses souhaits de richesse; mais le charlatanisme lui répugnait. — Vœu de Balzac : « être célèbre et être aimé. » Alfred a été l'un et l'autre. Il a conquis la gloire à lui seul malgré les dédains de Lamartine, de Victor Hugo et de ses élèves. Explication ingénieuse de M. Legouvé. — Partout où l'on parlait le français, les poésies de Musset étaient dans toutes les mains. — Essais de traduction par deux poètes Russes. — Délice des amoureux de vingt ans; ses poésies faisaient rêver même les adolescents. — M. Pierre Loti. — La petite fille du pêcheur. — Rêves du poète. — Ce qu'il aimait dans l'or. — Ses vers ont gardé après 50 ans toute leur fraîcheur. Bien vieillis au contraire les vers de la plupart de ses contemporains. — Musset, avocat de l'amour, vivra autant que lui. — Reproches éloquents adressés par

Lamartine au poète de la jeunesse, et à la jeunesse elle-même qui l'a si mal saluée à son départ. — Son modeste convoi, personnages qui l'escortaient. — Enterrement solitaire de Stendhal. — Enterrement politique de Béranger. — Pensée de Montesquieu sur les obsèques, et sur le peu de prix de l'existence. Les hommes en général ne pensent pas ainsi.................. 237

CHAPITRE XIII

Tombeau d'Alfred de Musset ; vers qu'on y a gravés : quelques omissions dans les œuvres inscrites. — Musique mise en vers et vers mis en musique. — Nombreux compositeurs qui s'inspirent de ses poésies. — Nombre de représentations de ses comédies et proverbes ; chiffres très éloignés des succès populaires. — Ses œuvres traduites dans toutes les langues. — Hommage pariétaire et statues. — Résumé de l'éloge prononcé par Vitet ; atténuation des conséquences morales de l'œuvre. — Le moins imitable des poètes. — Conférence Lissagaray ; jugement partial d'un ami de Victor Hugo. — Rôle de l'esclave avertisseur dans les triomphes de l'ancienne Rome.................. 253

Œuvres inédites........................... 265

www.ingramcontent.com/pod-product-compliance
Lightning Source LLC
Chambersburg PA
CBHW070542160426
43199CB00014B/2332